无中生有

庄周—亚里士多德灵界对话录

王海征　著

广西师范大学出版社

·桂林·

图书在版编目（CIP）数据

无中生有：庄周—亚里士多德灵界对话录 / 王海征著.
—桂林：广西师范大学出版社，2022.8
ISBN 978-7-5598-4825-3

Ⅰ.①无… Ⅱ.①王… Ⅲ.①庄周（约前369—前286）—
哲学思想—研究 ②亚里士多德（Aristotle 前384—前322）—
哲学思想—研究 Ⅳ.①B223.55 ②B502.233

中国版本图书馆CIP数据核字（2022）第047011号

策划编辑　张昀珠
责任编辑　韦兰琴
封面设计　张原海
板式设计　黄小纯
责任技编　石玉珏

广西师范大学出版社出版发行

（广西桂林市五里店路9号　邮政编码：541004）
（网址：http://www.bbtpress.com）
出版人：黄轩庄
服务电话：0771-2092860
全国新华书店经销
广西昭泰子隆彩印有限责任公司印刷
（广西南宁市友爱南路39号　邮政编码：530001）
开本：890 mm × 1 240 mm　　1/32
印张：9.875　　字数：150千字
2022年8月第1版　　2022年8月第1次印刷
定价：49.80元

如发现印装质量问题，影响阅读，请与出版社发行部门联系调换。

原本没有主题，我要凭空写书。

为什么？他们问。

原本只有虚无，宇宙却横空而生，寂静的纯粹樊然淆乱。

为什么不能再加一本书？

当然，庄子的灵魂对我说，我们也参加。

地球历 2157 年 8 月 8 日，雅典海滨。

2540 岁的亚里士多德着一身米白色休闲装，从高大的黑色球形车中走出来，眺望大海，漫步沉思。一架色彩斑斓的大鸟飞行器从天而降，首尾和羽翼收缩，化作一架微型敞篷车，2525 岁的庄周布衣坐卧其中，来到亚里士多德身边。

亚里士多德摘下墨镜：庄夫子好！欢迎再次光临我美丽的故乡。

亚大师好！我本野鹤闲云，大师凝眉而思，周即御风而至，何劳大师望洋而兴叹乎？庄周玩笑道。

海风启发思路，海浪有助思考，地中海是得天独厚的思想之海、智慧之海。夫子既至，为何还不下车？亚里士多德风度无边。

庄周的敞篷车内部结构已经调整为二人茶座模式，中间升起了遮阳伞。大师请上座，我们边喝茶边聊天如何？

夫子请起立，我们边散步边聊天为好。亚里士多德提出异议。

周生性好逸恶劳，既然只是聊天，立与不立何异？庄周边说边站起来。

既然立与不立无异，夫子为何而立？亚里士多德笑道。

立与不立，于聊也同，于游也异。大师喜欢边散步边聊天，周不得不立。庄周做出将欲走向两位泳装美女的假动作，我们与她们一起合影如何？

顽童虽寿，淘气如初！亚里士多德一派长者风范，如果能将我们的影像留在她们的相片上，倒是跨界存在的科学发明了。

亚里士多德和庄周在沙滩上漫步海聊，构成了一幅逻辑与随意并行的意境，黑中反白，白中现黑，表达了东西方文化形象的反向对称。尽管可以无形穿越各种三维物体，两位灵魂还是按照人间的方式，有意绕开那些泳装男女和嬉戏的儿童。

沙滩上休闲的人群各享其乐，对这一幕真实的场景毫无察觉。

亚里士多德，古希腊文化的集大成者，曾师从柏拉图，任亚历山大大帝的老师，在雅典创立逍遥学派，学术研究涉及哲学、自然科学、人文科学诸多领域，毕生追寻宇宙的最初本原和原因。

庄周，中国先秦道家思想的集大成者，曾拒绝楚威王千金许以为相，终身不仕以适其志，思想崇尚自然，文风汪洋恣肆，主张相对主义和不可知论，以齐物解万物之理，以逍遥化人生境界。

两位伟大思想家的灵魂已经在灵界多次相聚，如同中国春秋时期的音乐大师俞伯牙与鉴赏大师钟子期，相互欣赏，相与搭档。亚里士多德没有说古希腊语，庄周也不必说古汉语，然而他们之间的交流毫无障碍。

灵魂的语言是一种量子信息流。无声，却像音乐一样优美; 无词, 却像数学一样精确。他们从世界之外观察世界, 思考, 论辩, 探讨宇宙的真理, 享受灵界的逍遥。

作者私语: 我的灵魂因为写书的动议于 2018 年 8 月 8 日被庄子的灵魂召唤, 凭借量子时空全程游历了他与亚里士多德的相识与相交, 得以记录两位伟大思想家关于世界本原的对话。

目录

思考是灵魂的常态

1680 地球年之前的公元 477 年，亚里士多德和庄周在灵界初次相逢，由于心有灵犀的相互吸引，瞬间飘到了一起。飘只是一种近似的比喻，灵魂就是这样的状态，像风，像云，更像一团波动无形的雾气。

　　灵魂的生存方式是简单的，飘游，思考，获取信息，吸收能量，没有空间的限制，没有时间的束缚，自由自在，自然而然，既像亚里士多德追求的纯粹思考，又像庄周向往的随意逍遥。

　　灵魂化作虚幻的人形，如同神仙下凡，有了视觉、听觉、嗅觉、味觉和触觉，可以体察人间，体验人生。认知世界，探寻真理，不仅是一种能力，而且是一种乐趣，更是一种价值取向，成为这两位伟大灵魂共同的生存方式。

庄 周

　　生前不知有希腊，来到灵界才知道西方曾有如此辉煌的文明，有苏格拉底、柏拉图和大师这样的思想家。

亚里士多德

　　我也是到灵界方知有中国，你们先秦七子中，孔、孟、荀、墨、韩非的学术均属世俗之学，唯老庄之学是真正"形而上"的哲学。老子的智慧高深莫测，独树奇学，而夫子才思灵动，异想天开，将道家意旨发扬光大。但荀子评价你是蔽于天而不知人，夫子以为如何？

庄 周

　　荀况虽为腐儒，对我的评价却也中肯，但需要改两个字，周乃明于天而不囿于人。天是自然，人是自然之生物，知天即知人。吾既知天理，奚必拘泥于人理乎？

人之为人，应随自然而然，此天理也，亦人理也。是故
以天知人也成，以人知天也殆。彼欲以人胜天，是之谓
逆天。逆天者，殆而已矣。

亚里士多德

（感慨）夫子的哲学思想很有思辨价值。中国的春秋
战国和我们的古典希腊一样，是各种学术大繁荣大发展
的黄金时代。灵界对人世的时间无知无觉，距我们的时
代，地球时间竟已流逝了好几百年，忽然如梦如幻想到
了夫子，转瞬就真的见到了。

庄　周

（颇有同感）周仿佛梦入大师之梦，不知不觉就见到
了大师，此神奇玄妙之谓乎？八百多岁与大师灵界相识，
不期而然，是谓缘分。

亚里士多德

无论八百岁还是一千岁，我们终将成为知己。羽
毛相同的鸟，自会聚在一起。中国所谓的缘分是先天注
定的。

庄　周

先天为什么不让我们活着在人间相识？

亚里士多德

因为我们会打架。那时，你的思想我一定不赞同，我的思想你也一定不理解。

庄 周

现在呢？

亚里士多德

现在我们作为人早已亡故，但是作为灵魂，我们在更高的境界生存，可以相互理解，相互融通，无比从容地论辩是非，取长补短，共同探寻宇宙的真理。

庄 周

所以死亡并不可怕，更不必悲哀。死的过程和方式通常是一种痛苦的表象，因为死是对生的否定。而寿终正寝，是生与死的自然交替，终其天年而归其所由，平静，安详，徐徐然寂寂然如夕阳西下。生不是死，而生的结果就是死；死不是生，而死的结果就是生。吾谓之方生方死，方死方生。活着的人只知前一半，死了的人才知后一半。

对于灵魂，死亡是生后的另一重境界，一种幽静的美，脱然天放，泛彼无垠。人们惧怕死亡，因为他们从来没死过。活着的人焉能领悟悦生为惑、恶死为不知归的道理呢？指穷于为薪，火传也，不知其尽也。

亚里士多德

（爱灵魂胜过爱人生）夫子说得好。我们活着，为追求真理而燃烧。我们死了，却得新生，灵魂常在，相识相知，可以更专心于追求真理。

庄　周

然而，灵魂是什么？请大师指教。

亚里士多德

我生前曾为学生讲过很多课程，也讲过灵魂。当时我主要是从生物学意义上认识灵魂，强调人的灵魂与身体不可分离，认为有植物性灵魂、动物性灵魂和思想性灵魂，而思想是人的灵魂最重要的性质。到了灵界才知道，当时我的学术，不仅关于灵魂，而且各方面的学术，都是无比幼稚的。所以我对原先很多方面的观点和学说都做了重大的甚至是根本性的修正。

灵魂的本质是生命体特有的一种活的力，与自然界中的各种力都不相同，完整地无形地存在于人的躯体之中，灵魂的特征就是思想。如同地球产生生命使地球成为活的星球，人体产生灵魂使人成为意识主宰的生命。人死之后，灵魂脱离躯体的束缚，飘到灵界，以单纯的能量形态继续生存。

但不是所有的人死后灵魂都能在灵界长期生存，很多灵魂会因离开肉体后活的力逐渐耗尽而消散于灵界。有一类天生从属于自然的灵魂，他们以自然、无我为根本，以善良、理性为正义，品德高尚，智慧脱凡，主观与客观浑然一体，活的力与自然力循环交换，因而能够在灵界永续生存。还有很多善良、理性的灵魂，他们善于学习和思考，不断净化自我，复归天真，也能达到无私无我的境界，以自然力维系活的力，在灵界长期生存。

灵魂的终极价值与人生一样，不仅仅在于生存，更在于意识，在于思考和觉悟。善于思考，才能追求道义，追求真理。

庄 周

道义如此重要，比大师的科学若何？

亚里士多德

科学是人类认知世界、认知自我的基本方法，固然很重要，而道义是人类对待世界、对待自我的正确态度，如果科学进步而道义落后，对文明而言，就不是前进，而是倒退。

庄 周

那么是否可以说，科学是文明的绝对值，而道义是文明的正负号？

亚里士多德

完全正确。看来夫子已经学习了科学，好极了！夫

子生来道德高尚，智慧超群，再潜心学习科学，一定能
成为优秀的真理探索者。

庄　周

（笑了）科学不仅需要学习，可能还需要批判。我学
习科学，大师高兴。我批判科学，希望大师不要生气。

亚里士多德

科学不怕批判，真理生于批判，长于批判，成于批
判。无可批驳的理论才可能是正确的理论。数百年来，
西方的科学仍然沿袭我当年的理论，原因就是缺乏批判，
所以不能进步。现在我知道，我的理论并不是真理，希
望有人出来否定它。但是罗马人贪图享受，陷溺荣华，
缺乏好奇心和想象力，欧洲又经历大规模蛮族入侵，可
能面临长期的战乱，不知何时才能有科学的天才出现。
否定我的理论，科学才能进步。（他的观点闪耀着理性
之光）

庄　周

那么周请尝试对大师的学术做一点否定？

亚里士多德

好啊，请夫子指教！

庄　周

　　（开始了批判）大师的《形而上学》我认真拜读过。大师为探寻最初的本原和原因，反复讨论一些形而上的概念，诸如点、线、面、体，单元、形式、形状、载体，质料、元素，火、土、气、水，种和属，以及数字等等。但这些形而上者本身从何而来？它们之间是什么关系？大师的理论似乎无暇顾及。论及数字，大师对1情有独钟，但是似乎忽视了0的存在，而0恰恰是形而上的本原。

亚里士多德

　　（辩解）夫子此言谬矣。1是数字之父，一切数字皆生于1，而0是没有意义的。

庄　周

　　（焕发出先知先觉的神态）要害在此。1是数之父，0乃1之母。1是有，0是无，有生于无，无中生有。

亚里士多德

　　（据理反驳）无岂能生有？荒谬！无限多的1，可以构成无限多的数字，而无限多的0只能是0，空无一物，毫无意义。

庄　周

　　（以数学思维阐释道家精髓）一个0包含无限多的0，

也包含无限多的 1，+1 和 -1，可以构成无限多的正数和
负数。0 分解出 1，1 组成数字的序列，此乃从无生有，
有生万物，无中生有之道也。

亚里士多德惊怖其言，瞠目结舌。
月亮环绕地球旋转了三圈。

亚里士多德

（从深思中醒来）夫子的观点也许另有一番道理，但
是我不能认同。

庄 周

（清淡一笑）无中生有，是道家哲学解释宇宙本原的
基本思想，希望大师慢慢感悟无的境界。

还请回到灵魂的主题。大师刚才说灵魂生于人，然
而人何以生？

亚里士多德

（没想好完美的答案，不得已使用了把人类的概念
偷换成个人的逻辑技巧）……人生于父母。

庄 周

（追问）父母的父母，最早的父母何以生？

亚里士多德

（有点不好意思）……人与万物同生。《庄子·齐物论》云：天地与我并生，而万物与我为一。对不起，人从哪里来，我百思不解。如果说人是神造的，我尚无科学依据，夫子一定不同意，只好以夫子之盾挡夫子之矛。

庄 周

（笑）我的齐物不是遁辞，不过大师用以解释人的起源，总比说人是神造的要符合科学的精神和自然的规律。

亚里士多德

（反问）那么夫子认为人何以生？

庄 周

人与万物皆生于自然。物之所以成为物，人之所以成为人，是长期的自然演化所致，因自然之然而然。

亚里士多德

（认为庄周的观点大而无当）自然不是万物，岂能生万物；自然没有生命，岂能生生命？荒唐！

自然是宇宙万物的统称，宇宙万物各种原因共同的起始之点至高无上，不能由推理获得，只能归结为神的意志。

庄 周

（泰然自若）大师所言神的意志是虚幻抽象的概念，其实就是周所谓自然之道，大师把道人格化了，想出了神。在中国文化中，自然即自己使然，本意就是自我演化，而道是自然演化的无形路径或规律，道家哲学把自然的演化解释为从无到有、从有到万有的过程。宇宙、万物和人及其灵魂，皆生于自然演化之道。

亚里士多德

（俨然一副道高一尺神高一丈的姿态）说自然是演化，只能说明它是不断变化的过程，并不能说明它从何而生，自然的初始状态不可能是"无"。因为"无"不可能独立存在，无是"没有"，是有的消失，不是有的原因，"空的空间"是不存在的，所以"无中生有"是不可能的。自然和宇宙万物一样，只能是永恒的神创造的。

庄 周

（以太极之功否定有神论）太初一切皆无，就是无的存在。"无"没有形态，没有维度，佛教般若谓之"性空"，而我宁可谓之"无限"，是一种虚幻的存在。无中生有，是无的自然演化，其初始原因是"道"。大师所谓"神的意志"，其实就是无心无意决定无中生有的"自然之道"。大师的"神"源于希腊神话或《圣经》，是人想象出来的。古代中国人间至尊为帝，而"神"的概念源于元气苍天，故称"上帝"。是故无论东方西方，神生于人。

亚里士多德

（断然以对）好，为与希腊诸神相区别，我们姑且以"上帝"代表原始唯一的神。《圣经》是对上帝创世造物的叙述，使人类知道自己和世界之所由来。夫子所谓"人想象上帝"，是人理解了上帝存在、上帝创世的道理。上帝"以我为始，以我为终"，不是人想象的存在，而是原始的永恒的最高的真实。

庄 周

（神情坦然）如果上帝真的存在，上帝也不能先于"无"而存在，因为上帝是"有"，只能和人一样，皆生于自然。自然从无生有，生天地万物、上帝和人。但是，上帝在自然演化的逻辑中没有必然的位置，可以有，也可以没有。自然不需要上帝。

亚里士多德

（反问）那么自然本身从何而来？

庄 周

（直视亚里士多德）自然生于自然。

亚里士多德

（穷追不舍）违反逻辑！就像我刚才说"人生于父母"，等于说"人生于人"，并没有解答"人何以生"的问题。夫子现在也没有回答我的问题：自然何以生？原因何在？

庄 周

（以数字化解上帝）我违反逻辑，是因为你的逻辑本身有缺陷。自然本原于"无"，一切从无而生，无中生有，不期而然。无"自因"而生有，就是"自然"，自然演化生天地万物、生命和人，不知什么时候是否也生了上帝。无是0，有是1，大师的逻辑允许1+1，为什么不允许0+1呢？所有的数字来自1，而1来自0。有了万物，有了人，才显现出自然从0开始的演化过程。

从这个意义上说，自然就是无缘无故的自我演化，它的逻辑起始之点是"无"，它的终极原理是"道"，根本不需要一个外在的上帝先于"无"而存在。大师的"逻辑"也不应该允许一个外在的"上帝"先于"无"而存在，在0，1，2，3……的数字序列之前，不可能先有一个上帝的1。

亚里士多德

（追到了极限）那么作为存在的"有"，如何从不存在的"无"而生呢？

庄 周

演化变易，自然而然，无中生有，宇宙玄理，吾谓之"道"。

随着庄周虚幻缥缈的疯言疯语，两位灵魂进入了思考态。

灵魂面对面思考，对于地球人，好像过了很长时间，又好像时间停止了。其实，灵界没有"时间"，思考是灵魂生存的常态。

庄 周

（中断了亚里士多德不知多久的沉思）按照地球历，大师今年应该是861岁了，而周比大师小15岁，今年……

亚里士多德

（中断了庄周的声音）夫子如何算得？

庄 周

（顽皮地笑）大师生于公元前384年，周生于公元前

369年，大师长于周15岁。公元前的384年加上公元后的477年，大师今年861岁。我的算术学得晚，但这样的题太简单了。

亚里士多德

（摆出了小学老师的姿态）夫子这样算法，把周岁算成了你们中国的"虚岁"，关键在于公元前和公元后之间没有公元0年。公元前384年出生，要到公元0年才满384周岁，没有0年，就要减1岁，再加上公元后的477年，我今年整整860周岁，夫子则是845周岁。

庄　周

（貌似谦逊，像个小学生）老师我错了。学会了这道题，我的算术可以毕业吗？

亚里士多德

给你打3分。夫子的失误在于忽视了零。夫子的无中生有是振聋发聩的命题，关键也在于零。（忽然意识到自己也是小学生）

看来我们都需要深刻理解零在数学中的特殊意义，在科学和哲学中的特殊意义。让我们从零开始，"零"将使我们的学术造诣化鲲为鹏！我们去游历吧。

两位灵魂飘到雅典。

古希腊城邦早已成为历史，西罗马帝国在内忧外患中刚刚灭亡，而君士坦丁大帝一百多年前推行的基督教，却征服了入侵者日耳曼蛮族的思想，欧洲开始进入中世纪。

亚里士多德提议去看看庄周的故乡，他们转瞬飘到中国。

秦汉早已逝去，继三国两晋之后，形成南北大分裂，北朝的北魏孝文帝、南朝的宋顺帝相继异地登基。中国历史在低潮期徘徊。

亚里士多德和庄周对人间的是是非非唏嘘良久，陷入沉思。

二十个地球日之后，庄周打破沉寂。

庄 周

> 我本是周代宋国君主宋戴公的后裔，几百年后居然又出了一个宋国，岂有此理！沧海桑田，白云苍狗，分久必合，合久必分。

亚里士多德

> 春秋无义战，欧洲也一样。利益就是一切，最高的利益是权力，在权力面前，没有道义可言。权力之争的最高形式是战争，战争换来和平，而和平之后又难免战争。看来人类历史就是如此，政权更迭即规律，这是人性追求利益使然。

庄 周

> 人性究竟是善是恶？

亚里士多德

中国人说，"人之初，性本善"，而西方人更倾向于人性原本就是恶的，因为亚当夏娃偷食了禁果。我认为，人性是从兽性脱离动物界变化而来，是对兽性的扬弃，人性发扬和升华了兽性中对自我对配偶对子女对家族对种群的善，同时也承袭和深化了生存竞争、弱肉强食的兽性之恶。所以总体的人性有善有恶，而个体的人性则主要是后天形成的。因此，人类社会一定要有教育，要有法律，人性才能善良，道德才能完备，智慧才能进步，生活才能幸福。

庄 周

中国也有"性恶论"。大师刚刚说的"春秋无义战"，就是因为东周时期王权衰落，诸侯纷争，所有的战争皆源于"不义"，以恶报恶，乃至天下大乱。

庄周正要借此抒发蔑视权贵、崇尚自然的天性，被亚里士多德打断了。

亚里士多德

地中海联结欧亚非三大洲，承载了长期战乱的历史。马其顿的腓力二世是一位伟大的君主，把一个小国变成了大国，使大部分希腊城邦结成他领导的联盟。我曾有幸担任他的儿子亚历山大的老师，亚历山大兼具母亲的疯狂和父亲的稳健，征服了北过多瑙河、南到埃及、东跨整个波斯帝国的大片土地。亚历山大三十三岁猝死，他的"世界帝国"随之瓦解。罗马帝国应运而生，开始了持续几个世纪的兴衰史，征战、屠杀、荒淫、残暴，和平、繁荣、财富、艺术，人性何其善恶难分？时至当今，西罗马帝国的灭亡可能预示着欧洲的长期战乱，而中国正在经历着汉朝以后的又一战乱时期。

夫子，历史如流，往而不返，将来的中国如何，欧洲如何，不是你我"方外之灵"可以决定的。

庄 周

由谁决定？

亚里士多德

（辩证分析）人性。人性有善有恶，人群之中有善恶，人心之中也有善恶，恶人有善思，善人也有恶念。

庄 周

那么人类的历史孰是孰非？人类的未来何去何从？正义安在？

亚里士多德

（从容秉持理性主义）善多则从善，恶多则从恶。人类的历史一定是正义与邪恶的斗争史。

庄　周

（追问）究竟善多于恶，还是恶多于善？

亚里士多德

不知道，数学难以证明。在人性善恶问题上，我仍然坚持生前的观点，人性的善恶是由人类的"灵魂选择"决定的，人类的灵魂会根据趋利避害的原则来选择善恶取舍。对于大多数人来说，善是利，恶是害，善是每个人都需要的，人心向善，善多于恶。所以从总体而言，人类的历史一定向善而行。

庄　周

（痛恨强权）但是强权的力量可以胁迫大多数人的意愿，消除权力，消除暴政，绝圣去智，大多数人的向善之心才可能决定历史。

亚里士多德

夫子的主张是无政府主义。人类社会没有权威、没有法律、没有政府，人性之恶就会泛滥，只能一片混乱。人们只能期待建立好的制度，实现大多数人的意愿，历史才能向善而行。人类历史如同江河曲折蜿蜒，但总的趋势一定是向前的，大多数人的意愿一定能够决定历史的总体取向。

（借机转移了话题）夫子，我们早已离开人世，作为灵魂，我们共同关心的是探讨世界本原。夫子生前拒任楚国宰相，视功名利禄为腐鼠，曳尾于涂，何其清高，难道死后不该漠视沧桑，无动于衷吗？我们还是探讨宇宙的真理吧。

庄 周

当然，大师说得对！我们已经彻底摆脱了尘世的物累，来到逍遥自在的灵界，何不随心所欲享受高尚，无视人间的是非，论辩宇宙的真理！

灵魂之所在是哪里？他们确定了论辩的主题。

亚里士多德

灵魂在灵界，而灵界不是人间世界。因为我们作为灵魂，可以随意穿越人间的物体。

庄 周

但人间物体也可以穿越我们呀。

亚里士多德

（推理）灵界和人间相互穿越，像水渗透于土，火燃烧于气。但我们知道他们，而他们不知道我们，这说明灵界的相位高于人间，是人间世界之上的世界。

庄 周

灵界还不受人间世界的时间和空间束缚。我们通过思想就可以瞬间交流信息，如果不是化作人形，作为纯粹的灵魂，我们有虚幻的时间和任意的空间。

亚里士多德

（断言）所以我认为，灵界应属于太初的原始宇宙。灵界既存在于物质世界之外，也渗透于物质世界之中。

庄 周

（质疑）原始宇宙是现实宇宙的本原，是虚无的"无何有之乡"，可以称之为"太虚之境"。但我们所在的灵界并非真正的虚无，而是一种奇特无形的漂游波动，似乎处于原始宇宙和现实宇宙之间，应该叫作"玄冥之境"，可以简称"玄境"。然而大师的科学可以解释吗？

亚里士多德

科学是我的，也是你的。生前我以为已经用哲学和科学认识了宇宙，到了灵界，才知道我的认识是错误的。夫子生前仅仅用哲学的思辨认识世界，到了灵界，也一定发现自己的认识与客观真理有很大的差距。我们现在还不能解释宇宙，但宇宙一定是可以解释的。希望夫子在哲学思考的同时，深入研究自然科学和西方文化，我也要认真研究道家哲学和中国文化，研究你们的"无中生有"。我们共同探寻宇宙的真理。

两位伟大的灵魂就此约定，持续关注人类科学和哲学的发展成果，知己知彼，互为矢的，以思辨和论辩的方式共同从玄冥之境探究宇宙的真理。

无穷大等于无穷小

1697 年，艾萨克·牛顿《自然哲学的数学原理》发表十年后，亚里士多德约庄周相聚于剑桥大学三一学院。

亚里士多德

牛顿曾经在这里学习，当时这所学院的教学仍然基于我的学术体系，但牛顿却非常喜欢哥白尼、伽利略、开普勒和笛卡尔等人的新科学、新思想。伽利略不赞成我的思辨科学，专注于阿基米德的实验科学，用数学—实验的方法，开启了科学革命的先河。牛顿于伽利略逝世一年后出生，十八岁来到剑桥学习，二十多年后得到了力学三定律和万有引力定律，彻底颠覆了以我为代表的理论体系，为物理学和科学的发展开辟了新的天地。

（他为自己理论的退役而庆幸）

庄 周

（从牛顿想到欧洲和中国的未来）大师的思想体系主导欧洲两千年，牛顿否定了大师，他的科学或将引发欧洲的历史性变革。而当今的中国仍然是儒家思想的一统天下，清圣祖康熙大帝以及他的亿万臣民对牛顿尚无知晓，一旦"牛顿之力"冲击中国，不仅孔夫子的儒学将威严不再，连紫禁城可能都要动摇。

亚里士多德

（仰视莱恩图书馆屋顶上象征科学的四尊石雕）牛顿是真正的科学，与他相比，我的理论只是幼童之知。

庄 周

大师过谦了，作为思想家，你在欧洲的地位相当于中国的孔子。然而就认知和科学而言，孔子只要复辟周礼，你的知识则博大精深，可谓天壤之别。但是，牛顿否定了大师。大师以前认为自己的理论是真理，现在是否认为牛顿的理论是真理呢？

亚里士多德

（笑）自从来到玄境，我早就不认为自己正确了，现在也不相信牛顿绝对正确，永远正确。

庄 周

（有些诧异）那么牛顿的理论是不是科学，科学的理论该不该正确呢？

亚里士多德

牛顿的科学似乎可以解释并预言一切物理事件，但并不是可以解释世界本原的终极原理，用他的理论还无法推导出天地万物的由来和演化，而且无法解释"力"的本质，所以他只能把"第一推动力"诚心诚意归功于上帝。科学的终极原理不但应该推导出宇宙的本原，而且应该能够从本原出发，还原夫子所谓"自然演化"的全过程，并且预知其未来和最终结局。果能如愿，上帝就真是多余了。牛顿的理论只是迈出了科学漫漫征途的第一步。

（他从理想的高峰规划科学的终极原理）

庄 周

　　大师的理想万美一缺，科学永远不可能获得终极原理，因为"终极原理"存在于无限的极端。

一股－273℃的超低温气流从庄周袭向亚里士多德。

亚里士多德充斥内心的科学理想热情高涨，不惧严寒，他引导庄周来到亨利八世的雕像前。

亚里士多德

　　三一学院建于一百五十年前，而剑桥大学的历史已经接近五百年，等到它七百年、八百年的时候，还会出现新的牛顿。科学将以加速度进步，现在的牛顿否定了我，将来的牛顿还会否定他。科学无止境，真理可认知。

庄 周

　　（笑）科学的进步就是"牛顿否定牛顿"？既然否定，何必牛顿？

亚里士多德

　　否定的前提是继承，否定的实质是创新。科学进步就是继承基础之上的否定和创新，否定和创新都是科学的成长方式。牛顿否定我的同时完成了巨大的创新，引发了科学的革命性飞跃。

庄 周

　　那么科学需要多少个牛顿呢？大师可否用数学语言比如一个公式来描述科学的发展？

　　（他为大师出了一道难题）

亚里士多德

　　我们来做一个尝试。我们先设定牛顿 I 作为科学的初始基数，科学进步 S 由继承、否定、创新三个要素构成，继承基础上的否定是牛顿与否定之和，以 I+F 表示，继承基础上的创新是牛顿与创新的乘积，以 I×C 表示。那么，科学进步就等于牛顿基础上的否定与创新之和，我们可以得到 S=I+F+IC，变换为 S=I（1+F/I+C），其中 1+F/I+C 就是科学进步率，我们以 R 来表示，则得到 S=IR，即科学进步等于牛顿乘以科学进步率。然而科学的每一次进步都可能形成一个新的牛顿，每一次进步中否定因素和创新因素大小不同，决定了科学进步率是不确定的。那么，如果用 n 代表科学进步的次数，每一次的科学进步率就是 R_n，而前一次进步得到的新的牛顿就是 I_{n-1}，二者的乘积就是当次科学进步的结果。由此，我们可以得到 $S=I_{n-1}R_n$ 的初步公式。抱歉，我简陋的数学能力只能如此表达科学进步的基本态势。

　　（有限的满足夹杂无限的失落）

庄 周

　　大师辛苦了！科学进步是极端复杂的过程，它的终极公式数学可能根本无法完成。大师的"未完成公式"似可基本描绘科学进步的形态，按照这个公式，科学最终一定等于无穷大。（忽然笑了）一个不存在的数字，和无穷小一样。

亚里士多德

　　（皱起了眉头）没有比无穷大更大的数，也没有比无穷小更小的数。夫子何言无穷大和无穷小一样？

庄 周

　　（狡黠反问）无穷大是最大吗？无穷小是最小吗？再大也可以加一，再小也可以减一。无穷大和无穷小都是动态中的不能确定的数字。既然都是不确定的数字，难道它们不一样吗？

亚里士多德

　　（开始得意）夫子的逻辑又出了问题。不确定的数字不止一个，可以有无数个，它们各不相同，怎么会一样？

庄 周

　　（顽强抵抗）不确定的数字等于几？既然不确定，就可以等于任何数值。因为等于任何数值，就可能各不相同，因为等于任何数值，也可能各个相同。其实，不确定的数字根本不能成为真正的数字，无数个不是数字的数字，难道不一样吗？

亚里士多德

（斩钉截铁）无限多的不同数字形成的序列，都在无穷大和无穷小之间，所以无穷大一定大于无穷小。这两个不确定的数字是两个正负相反的极限概念。

庄 周

（绝地反击）那么按照大师所说，无穷大和无穷小之间"无限多的不同数字序列"，可以看成0的两边正数和负数组成的数轴。数轴的两端无限延伸，一端是无穷大，另一端是无穷小。大师怎能断定，这两个无限延伸的端点最终不会汇聚于同一个无限之点呢？

亚里士多德

（感到胜券在握，愈发得意）数轴是直线，没有弧度，无穷大和无穷小分别向两端无限延伸，按照你们的成语叫"南辕北辙"，永远不可能交会于同一个点。

庄 周

（开始反击）先不论数轴是不是直线，有没有弧度，反正它的两端是无限延伸的。如果以一条无限延伸的射线为半径画圆，它的圆周是什么形状？

亚里士多德

（有些犹疑）是无限延伸的、弧度无穷小的弧线。

庄　周

（以逸待劳）无穷小的弧度比零弧度大多少？

亚里士多德

……无穷小不能大于零，因为只要比零大一点点，都会有比它更小的数，就不是无穷小了。

庄　周

那么无穷小的弧度小于零弧度？

亚里士多德

无穷小更不能小于零，否则弧线的方向就颠倒了，不同方向的弧线遇到的问题是同样的。

庄　周

无穷小既不能大于零，又不能小于零，那么无穷小的弧度只能等于零弧度。因此，弧度无穷小的弧线就是弧度为零的直线，这就是数轴。同理，数轴作为零弧度的直线，等于弧度无穷小的弧线，也就是半径无穷大的圆。所以，数轴两个无限延伸的端点永远存在重合的可能性。如果重合，无穷大的科学就等于无穷小的科学，或者说，正科学就等于负科学。（彻底地笑了）

大师，"南辕北辙"在圆形的地球上最终是相合的，我们还有一个成语，叫"殊途同归"！

亚里士多德

（义正词严）但是，无穷大的圆不是地球，数学的"无穷"概念就是哲学的"无限"，"无限"是一种潜在的存在，永远不能变成现实。由于半径是无穷大的，这条弧线的两个端点永远不能交汇。无穷大和无穷小只有殊途，没有同归。

灵魂的对话并没有停顿，人间的光阴却经历了十几年。

亚里士多德

（做出宣判）我们的讨论涉及了微积分数学的基础，即极限问题。微积分是高级的数学分析方法，最早在古希腊的数学中就含有了微积分的思想萌芽。自14世纪以来，欧洲汲取了中国、印度和阿拉伯的代数成就，用数字和字母把文字形式的代数改造成为符号系统，数学取得巨大的进步。到17世纪，牛顿和莱布尼兹在前人的大量研究基础上，在英国和德国分别创立了微积分理论。

不过他们的理论并不严谨，比如无穷小量是否为零的问题，贝克莱主教说牛顿的计算依靠错误得出"不科学而正确的结果"，提出了"贝克莱悖论"，他嘲讽无穷小量概念是"已死的幽灵"。极限问题正是我们刚才论辩的关键。

由此可见，夫子的数学进步神速，进步又包含了批判。如果你的批判是正确的，可能为科学带来革命性的进步。但是，这是不可能的，因为你的批判是谬误的！

庄 周

太虚之境，原始宇宙，也许就是半径无穷大又无穷小的无形的圆球？

作者私语：这是一种什么状态？这就是"无"吗？庄子的诡辩不断地激发和摧毁我的想象力。

庄周早已跳出了主题，自言自语，开始了沉思。亚里士多德也随之进入了思考。

数年过去，亚里士多德先脱离思考状。

亚里士多德

夫子的批判可能对科学提出了一些根本性的问题。几十年前伽利略对我的学术体系的批判，虽然受到天主教会的极力打压，却开启了科学的新生。希望夫子的批判精神也能对科学进步发挥积极的作用。

庄 周

（也结束了思考）从玄境看地球人的科学和哲学，我们有条件对自己生前的思想做出全面深刻的反思。科学和哲学，人类的认知行为甚至及其对象本身，可能都是悖论。

亚里士多德

（从内心深处厌恶不可知论，但此刻生出些许狐疑）我曾经认为，"谬误有多种多样，正确却只有一种"，现在看来，谬误有多种多样，而正确可能也有多种多样，就像我们辩论的无穷大和无穷小，甚至，好像根本就没有正确。这竟然应了你庄夫子当年相对主义和不可知论的哲学臆想。但是，我决不相信没有正确，没有真理，客观的真实就是真理！

庄 周

（不介意）大师当年所谓"谎言自有理由，真实则无缘无故"的论断价值无量，超过了苏格拉底和柏拉图。

大师刚才的自我批判就已经找到了真实，真实的"无缘无故"就是自然，自然而然，没有因果，没有是非。物无非彼，物无非是。自彼则不见，自是则知之。故曰彼出于是，是亦因彼，彼是方生之说也。一切真实都是相对的，所以是不可知的。这就是真理。

亚里士多德

夫子的《齐物论》确实是伟大的思辨哲学。但是我郑重重申：我反对夫子的相对主义和不可知论。

庄　周

（故作谦虚）反对有效。大师说过，真理不怕批判。我的真理只是臆想，而你的真理是科学，不过我们也许可以殊途同归呢。

亚里士多德

但愿如此。我正在研究道家哲学，不知夫子对科学的学习进展如何？

庄　周

（像个顽皮的学生）谨遵大师教诲，学了一点。学习科学太难了，太苦了，不能异想天开，只能按部就班。

亚里士多德

（笑）谈谈感受吧。

庄 周

我学习科学不是为了成为科学家，而是为了学会科学思维。

科学思维源于希腊，希腊文明很了不起，不仅是你们雅典，还有爱奥尼亚，毕达哥拉斯的三角，阿基米德的杠杆，德谟克利特的原子，希腊的科学家从复杂的自然追寻简单的原理，为西方科学和哲学的发展奠定了理性基础。西方的科学与中国的哲学是不同的思维方式。

中国虽然也有人潜心研究科学，但是没有形成气候，汉武帝"罢黜百家，独尊儒术"，把多元化的思想和学术变成了一元化的注经和教化，摧毁了哲学和科学自由生长的土壤。而希腊孕育的科学思维传统，无论国王或宗教都无法割断，终于产生了牛顿，结束了愚昧。

如果说中国古典哲学是通过玄思和冥想领悟抽象的道理，西方现代科学则是通过实验和计算探究实际的原理。不过大师当年擅长以思辨的方法研究科学，并且认为神是宇宙万物各种原因的源头，可能更倾向于为自然的原理和规律加上一点意志或目的？

（把话题交给亚里士多德）

亚里士多德

西方科学应该成为人类的财富，而中国哲学的思维方式和思辨价值也值得西方学习，希望西方文化与东方文化能够互补共进。

（转而自我检讨）

我的科学研究确实不如阿基米德，更不如伽利略和牛顿，从观念和方法上，都有主观不自觉强加于客观之嫌，限制了我的学术进步。我当时认为，万物是变化的，位置的变化，形态的变化。变化表现出特定的目的，而目的是意志的体现，物的意志，人的意志，神的意志。神的意志是最高尚的，当然应该决定规律。文明的童年，几乎所有人的心中都有神的崇拜。你们的"道"不也是一种自然神吗？

但爱奥尼亚希腊人确实了不起，尤其是在我死后出生的阿里斯塔克，据说他通过对月食的观测和计算，判断太阳比地球大得多，推断出地球和其他行星共同围绕太阳旋转，甚至认为众多的恒星都是遥远的太阳。这一论断竟早于哥白尼一千七百年！

如果我当时还在，可能会因为他的"大逆不道"找他决斗，而如果他说服了我，我一定会以为他得到了神的旨意。阿里斯塔克太超前了，而且由于当时没有印刷术，学术传播极其有限，以至于他的学说没有被世人所传承，更不可能被后来的基督教所接受。

庄 周

（表示惋惜）所以，经过基督教选择传承下来的希腊罗马文明中，阿里斯塔克消失了。

亚里士多德

（极度惋惜）这是科学的巨大损失。否则"牛顿"可能早生一千多年，甚至生在耶稣之前。

庄　周

牛顿结束了科学的童年。如果牛顿早于耶稣，那么耶稣及其门徒的传道会不会遇到更大的困难？君士坦丁大帝会不会仍然推行基督教？罗马帝国会不会成为有牛顿而没有上帝的新帝国呢？

亚里士多德

（犹疑着）如果有牛顿的科学，罗马帝国一定会更加发达，从而改变欧洲乃至世界的历史进程。不过，也许因为上帝不想让人类知道得太早太多，才智过人的阿里斯塔克被遗忘了，牛顿也没有过早出生。但是，像希腊的科学与诸神同在一样，牛顿的科学也不否定上帝的存在，所以后来的英国既有牛顿，也有上帝。

庄　周

科学和上帝是什么关系？

亚里士多德

（推理）科学是人发明的，而人是上帝创造的，人运用科学走向文明，可能也是上帝的旨意。

庄 周

科学和上帝有矛盾吗？

亚里士多德

（冷静回答）科学有时会引发人对上帝的怀疑，但并没有排斥上帝的存在。如果上帝真的存在，迟早会得到科学的证明。

庄 周

（强力反驳）按照大师现在的观点，科学的理论要有观测的支持，证明上帝就意味着发现上帝、认识上帝。上帝创造人，难道是为了让人能够通过科学认识上帝、知道上帝所知道的一切吗？果真如此，无所不能的上帝何不直接创造一个美丽的女上帝，再生一群可爱的小上帝呢？我的大师，如果上帝真的存在，人真是上帝创造的，按照上帝的旨意，人类的科学之光就永远照不到上帝的身影，而如果上帝不存在，连上帝的身影也没有。

亚里士多德

（坚定不移）无论如何，世界是可知的，真理是可知的，只要是存在的，都是可知的，所以上帝如果存在，也一定是可知的。

庄 周

（反诘）大师坚信科学能证明存在的上帝存在，但是科学能证明不存在的上帝不存在吗？

亚里士多德

（顽强应对）……归根结底，这取决于认知能力，科学就是人类的认知能力。科学发展是无止境的，人类的认知能力也是无止境的。所以，存在是可知的，那么，不存在也应该是可知的，就像零是可知的一样。

庄 周

零不是不存在的，而是存在的，当然可知。按照大师的"极限潜在说"，无穷大和无穷小才是不存在的，可知吗？（侧目而问）

亚里士多德

（用自己的认识论做出结论）可知，一切皆可知！对于科学，存在是可知的，作为存在的存在也是可知的，作为潜在的和不存在的存在，仍然是可知的。人类的文明进步需要科学，我们的哲学思辨也需要科学。

庄周还以诡秘的一笑。

相对运动决定一切

1918 年，第一次世界大战接近尾声，两位思想家的灵魂相聚于德国上空。

庄 周

（省略了寒暄）伏尔泰曾经评价牛顿是用真理征服人，而不是用暴力奴役人。然而，真理和暴力谁更强大？

亚里士多德

（斩钉截铁）知识就是力量，真理是最强大的力量。

庄 周

可是牛顿的真理并没有消除暴力的战争。

亚里士多德

（信誓旦旦）真理是道德和人性的最高境界，而暴力和战争是反道德、反人性的。人类最终将依靠科学获得全部真理，伸张正义，铲除邪恶，彻底消除暴力和战争。

庄 周

（据理反驳）战争的动因是权力和利益，人类的历史就是争权夺利，战争，和平，战争，兵器不断升级，规模不断扩大，死亡越来越多，世界越来越黑暗。科学并没有用真理消除暴力，却成了战争的助燃剂。

亚里士多德

（用辩证表达理性）科学助燃战争，更助兴和平，战

争之后是和平。人类文明就是在战争与和平的反复交替
中进步的，而最终的结果一定是永久的和平。

庄 周

（摊开双手）永久和平是一种理想，无论柏拉图两千
年前的"理想国"还是大师当下所谓永久和平能否实现，
人们必须经历无休止的战争，文明与战争相伴，代价是
人的死亡。

亚里士多德

（反击）死亡是坏事，但也为更多人换来幸福。难道
因为文明有代价，夫子就不赞同文明吗？

庄 周

文明应该是自然而然，不需要武力强制，更不该毁
灭生命。

亚里士多德

我也不赞同战争，战争是自然的反动，但人类文明
的历史只能在自然和反自然的对抗中发展。（相机转换了
话题）我这次约夫子相聚，不是为了战争，而是为了科
学。夫子注意到阿尔伯特·爱因斯坦了吗？

庄 周

（俯瞰柏林）爱因斯坦，科学的天才！他的相对论甚合吾心！

亚里士多德

（笑）庄周夫子两千年前用哲学论述了相对主义，爱因斯坦今天用科学论证了相对论，哲学的相对主义与科学的相对论，虽然路径与方法不同，但在思想性上是相通的。

庄 周

（连连摆手）岂敢岂敢，大师过誉，周的哲学是臆想的、妄断的，而且是夸张的、诡辩的，旨在从宇宙本原的意义上，揭示天地万物生于虚无，存于变化，惟自然之道为永恒，告诫世人忘物忘我，遵从自然，只是古代的哲学狂想而已。而爱因斯坦的相对论则是严谨的非凡的现代科学理论。

亚里士多德

（点头称赞）夫子第一次谦虚，实事求是评价自我与他人之差异。谦虚则学习，学习则进步。

庄 周

（笑）实事求是不需要谦虚。

若我高于爱因斯坦，何必谦虚？若我等于爱因斯坦，何必谦虚？今我既差于爱因斯坦，吾何以谦虚？周以为差者殊也，探宇宙本原，寻万物玄理，哲学与科学殊途也，抑或可同归也。

哲学与科学的差异在于思维方式和表述方式，哲学以言思之述之，科学以数思之述之，而数精于言。周与爱因斯坦之差在于他有哲学，而我没有数学。西方有数学思维的传统，乃有科学。

依大师对科学进步公式的探讨，如果以牛顿为一，牛顿之后每一次进步都使科学的值不断增大，到麦克斯韦，科学的值应该累计增长了上百倍，而有了爱因斯坦，可能会达到数百倍、上千倍。就认知的进步而言，哲学弗如也。

虽然，科学是蜿蜒阶梯式进步，而哲学是洞见直达，是故殊途可同归也。周真诚期待科学历尽曲折，扶摇羊角而登顶，最终证实"无中生有"，岂敢谦虚？还是请大师讲讲爱因斯坦的相对论吧。

亚里士多德并不在意庄周的狂放不羁，知道那不过是他的学术性格和语言风格而已。

亚里士多德
相对论中最关键的要素是坐标系概念。一个坐标系相对于另一个坐标系做匀速直线运动，对于它们而言，自然现象所遵循的定律是相同的，这就是狭义相对性原理。然而，光在真空中传播速度恒定的定律，相对于上述不同坐标系，似乎不能同时成立。但爱因斯坦坚持了表面上不相容的相对性原理和光速恒定定律，利用"洛伦兹变换方程"推导出自然事件的直角坐标和时间的变换定律，使光速恒定与相对性原理不再冲突。爱因斯坦说，狭义相对论是从麦克斯韦—洛伦兹电磁理论中总结出来的。

狭义相对论发现了空间和时间的一体性、相对性，及其与运动物体的联系，否定了绝对空间和绝对时间，否定了绝对静止坐标系的存在，统一了质量守恒定律和能量守恒定律，提出了著名的质能关系公式 $E=mc^2$。

爱因斯坦1905年发表《论运动物体的电动力学》，阐述了狭义相对论的基本思想；1915年，他又向普鲁士科学院提交四篇论文，阐述了广义相对论的基本问题；1916年，他完成了长篇论文《广义相对论的基础》，明确表述了狭义相对性原理和广义相对性原理。

根据爱因斯坦的解释，狭义相对性原理涉及的是一切匀速运动的物理相对性，认为彼此相对做匀速直线无旋转运动的参照物（坐标系），对于自然过程的物理描述而言，都是等价的。而广义相对性原理则断言：所有参照物不论其运动状态如何，对于描述自然（表述普遍自然定律）而言，都是等价的。

广义相对论最重要的概念是"场"。爱因斯坦在狭义相对论中通过对引力场的研究，得到了惯性质量等于引力质量的定律，在此基础上，以黎曼几何的高斯坐标取代欧几里得几何的笛卡尔坐标，把刚性参照物变成了整个作任意运动而且在运动过程中可以发生任意形变的"软体动物参照物"，从而得到了对广义相对性原理的严格表述："对于表述普遍的自然定律而言，所有高斯坐标系都是等价的。"

（他的目光从庄周散射向天空）

由此，爱因斯坦用广义相对性原理研究解决引力问题。牛顿力学曾经认为，物理实在由空间、时间和相对于空间时间运动的持续存在的质点构成，而爱因斯坦则指出，引力场对空间、时间和自由运动的质点都会产生影响，这一影响将按照同样的定律发生。爱因斯坦开启了物理学的新时代！

庄 周

大师的叙述使周对爱因斯坦的理解更加清晰了，我喜欢他的相对论！

亚里士多德

夫子可有心得？

庄 周

当然。相对论的根本是"相对性"的思维。任何物体的运动都只能相对于其他物体的位置变化而言，单独的物体无所谓相对，也就无所谓运动，因此一切运动都是相对运动。相对运动的物体互为参照物，以参照物建立坐标系，并且把笛卡尔坐标系"逻辑推广"到高斯坐标系，进而推导出爱因斯坦的"软体动物参照物"，使相对性原理从狭义拓展到广义。

按照牛顿力学，运动的物体具有惯性质量，爱因斯坦证明了系统的相对运动形成引力场，发现惯性质量等于引力质量，而物体的质量与能量是直接相关的，甚至如爱因斯坦所说，可以把一个物体系统的惯性质量看成其能量的量度。爱因斯坦用"场"的概念解释牛顿的空间、时间和运动质点，把物理实在性归结为一个四维存在，认为运动的物质与空间时间相互依存。

根据广义相对论，物理实在就是场，没有场的空间是不存在的。由此可知，惯性与引力、质量与能量、空间与时间，其本原皆在于运动，而运动是相对的！

亚里士多德

请夫子具体描述空间和时间的本质。

庄 周

（愉悦地感知哲学相对主义的科学价值）空间和时间不是绝对的，而是相对的，因为它们不是独立的实在，只是作为不同物质之间相对性关系的量度而存在。如果只有一个单独的物体，无论它多大或多小，运动或不动，由于没有任何参照物，它的体积所占的"空间"和它的变化所占的"时间"，都无从显现，因而这个独一无二的物体本身的存在也无从显现，毫无物理意义。

因此，物质和空间时间是一体的，它们存在的前提是相对性，没有相对性的物体以及它的空间和时间都是不存在的。

亚里士多德

（分辩）但是，假如整个宇宙空无所有，唯有单独的庄周，他明明就在那里，难道他不存在吗？

庄 周

（反驳）如果只有一个庄周，而没有大师看到他，没有大师与庄周的关系形成的相对性，"单独的庄周"究竟有没有呢，无从确定，无法证实，没有物理意义，等于不存在。

亚里士多德

（耸耸肩）可是我们刚才假设他已经存在了。

庄 周

（也学着耸了耸肩）所以我们只能假设，因为没有人知道他是否真的存在。

亚里士多德

（很得意）但是他用手掐一下腿，便可知道自己的存在。

庄 周

（不惜自损）那是因为他的手和腿形成了相对性。我们说"单独的庄周"是没有相对性的庄周，比如一个圆球形的庄周，转与不转、动与不动，都无从显现，因而他的在与不在是等同的，存在等于不存在。

亚里士多德

（不甘心）但只要庄周有灵魂，他就可以知道自己的存在。

庄 周

（严防死守）大师成了笛卡尔，"我思故我在"，可是灵魂和肉体也构成了相对性，灵魂是主体，肉体是客体。

亚里士多德

（胜利在望）然而"我思故我在"可以不涉及肉体，只涉及灵魂，笛卡尔说，我怀疑一切，但不能怀疑我在怀疑。"单独的庄周"如果不是实体只是灵魂，没有相对性的自我认知仍然可以成立。

庄 周

（表现出平静的自豪）那么庄周是唯一的灵魂，类似于黑格尔的"绝对精神"。黑格尔认为"绝对精神"是先于自然界和人类永恒存在的客观独立的实在，是宇宙的本原，内在矛盾的自我否定赋予它积极能动的活力，它的自我发展就是自然的演化。这很像我们的"道"，不过比我们晚了两千年。据说黑格尔曾盛赞老子，不知他是否"剽窃"了老子的核心理念。

唯一的灵魂如"道"一般，是存在的本原，并非存在本身，其能否自知，我们不得而知。自知是以自我为认知对象，必须跳出自我，认知的主体和对象一分为二，也要形成相对性。然而，请我们回到当前，爱因斯坦的相对论讨论的不是精神，而是物质，是物质世界的物理规律。如果庄周是唯一的球状物体，那他就是整个宇宙，由于没有相对性，主观和客观毫无区别，存在和不存在毫无意义。

亚里士多德

（急中生智）此庄周非彼庄周，夫子安知"球形庄周"能否知道自己的存在？

庄周

（笑得前仰后合）大师非庄周，安知庄周不知"球形庄周"能否知道自己的存在？大师成了周的生前辩友惠施，只是台词小异，我们当时争论人能否知道鱼之乐，但这个问题的前提是人和鱼具有相对性关系。而没有相对性的球形庄周在孤独之中知道自己的存在，简直就是上帝神话的翻版，那个孤独的老人必须尽快创造宇宙和人，否则连他自身的神话都不存在。

亚里士多德

（恢复了镇定）存在是客观的，不因有没有人看到而
改变。一个物体再大或再小，都占有空间，运动或不动，
都占有时间。客观的存在是绝对的。

庄 周

（超以象外，得其环中）物质以空间和时间的形式而
存在，空间和时间因物质的存在而生成，空间和时间就
是大师的"形而上"。然而，作为"形"的物质和作为"形
而上"的空间时间，都因物质之间形成的相对性而存在，
相对性就是大师所谓"关于存在的存在"。有了相对性，
物质及其空间时间才得以存在，大师所谓的"客观存在"
才得以存在。所以，存在是相对的，与运动是相对的
同理。

亚里士多德

（再申辩）有相对于无而存在，不必要相对于另一个
有，一相对于零而存在，不必要相对于其他的一。

庄 周

（再反驳）唯一的"有"与潜在的"无"并不构成相
对性。只有一个一就无所谓一，一等于零；只有一个有，
就无所谓有，有等于无。

亚里士多德

（发出致命一击）那么"无中生有"就等于"无中生无"了？

庄 周

（泰然自若）大师的诡辩术进步神速。无中生有是零分解出无数的一，绝不止于单一的"有"，有与有相对而"有"，相对性使它们相互实现，使"无中生有"得以成立。

亚里士多德

（再度反扑）那么夫子所谓无中生有之"无"是真正孤独的，它是否真的存在？

庄 周

（笑了，而且很顽皮）无若不存，有何以生？无的存在以生有为证，无未生有，其在未信，无既生有，其在也真。

亚里士多德

（破釜沉舟）但是无究竟如何生有？

庄 周

老子云，"道生一，一生二,二生三,三生万物"，无中生有是自然演化的完整过程，没有二，没有三，没有万物，一就因为孤独而无从显现其实在，只能像一个零一样隐于永恒的虚无。

（他淡然地看着大师陷入了沉思）

亚里士多德一百小时后结束了沉思。

亚里士多德

夫子真是诡辩奇才。那么，爱因斯坦认为引力是时空弯曲所致，如何理解？

庄 周

（试图把自己变换成爱因斯坦）首先需要重申，独立的时间和空间是没有的，比如绝对的"真空"，笛卡尔就曾经对"空的空间"怀有深度的不安。传统观点认为，物理实在是"有重物体"在三维空间的存在随时间的演化。而爱因斯坦则认为，空间不是绝对的，时间也不是绝对的，必须把空间和时间看成客观上不可分解的"四维连续区"。因此，狭义相对论把物理实在看成是与时空一体的"四维存在"，而不再是三维存在的演化，四维存在由于融入了时间的因素，本身就包含了变化。广义相对论又把刚性坐标系推广到了"任意的连续变换"，即"软体动物"坐标系，原来三维空间和一维时间参照系的坐标，变成了一组高斯坐标数字。由此，爱因斯坦推导出了他的"场"。

传统的场概念是以物质为载体的，比如固体热传导中的温度，场在物质之内，没有物质就没有场。后来人们把光看成一种波动场，用以解释光的特性，由此认为"空无所有的空间"中也存在某种物质，肯定了你们当初的"以太"，光凭借以太传播。19世纪下半叶，麦克斯韦把场的概念引入电动力学，成功预言了电磁波的存在，并发现了光和电磁波在本质上的同一性。至此，"场"的概念逐渐赢得了更大的独立性，但人们仍然确信，电磁场只是"以太的状态"。

那么爱因斯坦做了什么？迈克尔逊干涉仪实验证明了"以太"并不存在，狭义相对论支持了这一观点。人们认识到，必须放弃电磁场是物质载体状态的观点，场是独立的，自在的，如爱因斯坦所说，"场变成了物理描述的一种不可还原的要素，就像在牛顿理论中物质概念不可还原一样"。从狭义相对论到广义相对论的思路，建立在"作为一个独立概念的场"的基础之上。在相对匀加速运动中，传统概念的"惯性系"存在一种与"引力场"无法区分的状态，两个相对运动的系统，分别沿各自的方向运动，可以看成"惯性"使然，也可以看成"引力"使然，惯性和引力是等效的，惯性形成的质量等于引力形成的质量。通过对"洛伦兹变换"的推广，"等效原理"从匀加速运动推广到任何相对运动，由此得出广义相对论的纯引力场概念。在狭义相对论中，空间—时间或者惯性系及其度规性质，独立于物质或场而存在，而到了广义相对论，这种独立存在性被解除了，也就是说，如果没有了"场"，就是绝对的"无"，这样的"真空"是不存在的。因此，爱因斯坦认为，物理实在性就是场，没有场就没有空间—时间。由此看来，所谓时空弯曲实际上就是"场"的表现形态，而引力现象则是物体在"场"中运动的必然行为。

亚里士多德

（发难）爱因斯坦用相对运动证明了不同惯性系统的相对运动形成引力场，并且证明了惯性质量就是引力质量。然而，相对运动的系统形成的引力，是朝向其各自的运动方向的，但太阳对地球的引力、地球对人和苹果的引力，其方向并不是系统运动惯性的方向，而是分别指向太阳和地球中心的方向，这似乎并不是因相对运动产生的。引力究竟是由运动产生的，还是由质量产生的？

庄 周

（胸有成竹）依照传统理论，质量是与不知所以然的"惯性"共存的，相对论证明，任何物体都处在相对运动的状态，其惯性质量就是引力质量，引力可以取代惯性，这就解释了惯性的"所以然"，惯性就是引力。其实，惯性和引力是物体在相对运动中对自身状态的维系，而质量是物体惯性和引力的量度。所以，质量、惯性、引力具有同一的本质，皆生于运动。

不错，太阳对地球的引力、地球对人和苹果的引力，是分别从周围朝向太阳和地球中心的，这就是所谓"万有引力"。周以为，万有引力的原理可以这样解释：任何物体都与所有其他物体做各种方向的混合相对运动，综合形成每一个物体的引力场，其方向必然而且只能是分别朝向各自中心的。物体的质量与引力场成正比，而引力场是与所有物体相对运动混合形成的，运动才是"万有引力"的本原，也是各种形态的力的本原。这也充分证明了物质和场是一体的，物质的质量就是它的场的一种直观体现，质量的大小和场的强弱是基于运动共生共存的。

上述朝向物体中心的"万有引力"现象，与不同物体彼此做相对运动形成的"惯性型"的引力现象，两者并不矛盾，实际上是一回事。一个惯性系统就是一个引力场，大系统的引力场以其强度包控着小系统的引力场，在与其他外在系统的相对运动中，引力场表现出对自身状态的维系，朝向系统中心的引力和朝向系统运动方向的引力同时存在。换一种表述，系统对自身状态的维系是系统的恒定秉性决定的，在与其他系统的相对运动中，既表现出朝向系统中心的引力，又表现出朝向系统运动方向的引力。太阳的场使在其控制范围内运动的所有物体都受到朝向太阳中心的"万有引力"吸引，同时，"惯性型"引力表现为太阳系整体与其他恒星系统分别朝各自的方向运动。而从更大的范围看，太阳系的运动、其他恒星系统的运动，又共同受到银河系引力场以至更大引力场的制约。地球的情况与太阳同理，所以每一个人都受到地球引力的束缚，并跟随地球共同绕太阳旋转。引力的本质就是物质在相对运动中对自身存在状态恒定的保持。

（他停下来，等待亚里士多德提出新的要求）

亚里士多德

（面无表情）请夫子完整表述你的引力概念。

庄 周

（交叉双臂）严格地说，引力并不是一种真正的"实在"，而仅仅是相对运动以及由运动形成的"场"引发的一种效应。引力的效应可能显现出"引力波"或者"引力子"的表象，但引力的本质就是物质保持自身状态恒定的秉性形成的场。有充分的理由认为，物体的质量就是它的场的直观体现，而场就是所谓被弯曲的时空，所以，宇宙的时空并不是平坦均匀的，而是所有天体在相对运动中形成的场交织构成的，物体的质量以及它的场作为一个整体，都是由相对运动产生的。

那么，大师，引力是不是由运动产生的呢？依我看来，不仅是引力，任何的"力"，还有质量、能量、空间、时间，宇宙万物的场，皆是运动引发的不同表象而已，实质上是一种相对性"关系"。惟"动"为真，相对运动才是客观存在的本质！

八年的时间转瞬即逝。

作者私语：由于我对量子语言的记录能力和对相对论的学识所限，只能依我的理解整理庄子的此番论述，不知是否符合他的原意，更不知是否有违爱因斯坦的理论。

亚里士多德

（连连摇头）……这是夫子理解的爱因斯坦，很可能是曲解。把客观存在的本质归结为相对运动，而其他一切皆是表象和关系，这种观点推到极端，相对运动只能是一种虚幻之"动"。夫子的哲学从相对主义到不可知论，最终将可能导致虚无主义。

庄 周

（十分自信）曲解也是解，也可能曲径通幽，成为唯一真实的解。

亚里士多德

（最严厉地质疑）但是，我们找不到虚无和实有之间的具体联系，夫子如何确定现实宇宙的本原甚至本质是"无"呢？难道现实只是虚无之动由于相对性而发生的幻象吗？我们生前和现在作为人和灵魂，也仅仅是虚假的幻象吗？

庄 周

（轻率反问）古希腊神话不是以"世界生于混沌"开篇吗？

亚里士多德

（抓住破绽）夫子谬矣！人们现在看到的希腊神话，是公元前8世纪希腊诗人赫西俄德创作的《神谱》经后来希腊人、罗马人甚至文艺复兴的欧洲人编撰过的，可能掺入了后代的思想。你们的《老子》《庄子》不是也被后人大肆篡改吗？中国的学术界甚至从"我注六经"到"六经注我"，利用注释经典阐述自己的思想观点。希腊神话中最初的神叫"卡俄斯"，这个词在古希腊语中原本是"裂缝"的意思，裂缝只能是某种东西的裂缝，不同于混沌，更不等于虚无，却被后人解释作混沌或虚无。中国"盘古开天地"的神话，确实把世界本原归结为混沌，但混沌并不是真正的虚无。赫西俄德是远古希腊的诗人，不是哲学家、科学家，他凭想象创作的神话，与中国远古的神话一样，不能作为探讨世界本原的佐证，更不能支持你的"无中生有"。

庄 周

（以其委曲达其意旨）大师的批判反而佐证了"无中生有"是中国道家独创的哲学。《神谱》只说"裂缝"是最初的神，《圣经》只说上帝创造天地和人，其实真正的天才是公元前6世纪古希腊的阿那克西曼德，他提出一个"无限定物"的概念，它自身没有特征，却在运动中分裂出对立的因素，从而产生万物。可惜他的《论自然》遗失了。唯有《老子》深刻阐发"无中生有"之旨，"天下万物生于有，有生于无"，而"无"本道也。

亚里士多德

（目光灼烁）那么夫子如何看待爱因斯坦相对论与老庄"无中生有"论的关系？

庄 周

（任性而论）爱因斯坦"场"的本质是相对运动，描述了"有"的基本存在方式。最原始的"有"，可能是"虚幻之动"，无数虚幻之动的不同组合，依相对性关系生成了不同的特性，表现为不同的物质形态。万物是"万有"的各种显像形态，都有彼此作相对运动的场，这就是物理实在，也就是大师所谓的"存在"。那么"关于存在的存在"，就是物理实在得以显现的相对性，而相对性的本原在于"动"。如果万物皆不动，没有任何相对变化，那么万物等于一物，也等于无物。所以"动"决定一切的产生，也决定一切的存在。

无中生有之"无"包含了原始的永恒的"动"，其数学表述是0，无数 +1 和 −1 在其中相对存在又相互抵消，是"动"的平衡。"动"的平衡态由于内在矛盾被打破，从0中分解出无数的 +1 和 −1，也就是正的和反的最小振动，形成分别独立存在的正反能量元素，其相对性形成的差异产生了"有"。无数的 +1 组合成为无数的 +2、+3……天地万物产生了；无数的 -1 组合成为无数的 -2、-3……反的天地万物产生了，可以称其为"反物质""反宇宙"。这就是"无中生有"。

亚里士多德

那么无中生有就是 0 中生 1 吗？

庄　周

是，也不是。根据相对论的启发，在从 0 到 1 即从无到有的基础上，需要重点强调从 1 到 2 的环节，这是相对性发生的起始点，使"有"成为现实的存在，实现了从有到万有。0 所生的 1 不是唯一的 1，而是众多的 1。

一与多的关系，也是大师在古希腊时代就着重关注的对象。柏拉图的对话《巴门尼德篇》和大师的《物理学》为后世记载了远古的天才思想家芝诺。芝诺被大师誉为辩证法的发明人，而他的"芝诺悖论"却被大师批为诡辩。芝诺悖论用归谬法从反面论证一与多、静与动、有限与无限的关系，试图证明他的老师巴门尼德"存在是一"的学说。古希腊把 2、4、6、8... 和 3、5、7、9... 分别作为偶数序列和奇数序列，而"1"则作为一个单独的特殊数字，这在哲学上是有道理的。

存在是 1，而"关于存在的存在"，是 1 与 1 之间的相对性，所以存在也是众多的 1。1 与多皆生于 0，非 0 无 1，非 1 无多。"道"使 0 生 1，使 1 生多，"无中生有"，吾谓之"自然"。你们当初发现了"1"的特殊性，却忽视了"多"的同等重要性，同时，几乎忘记了更特殊、更重要的"0"。当然，我们道家虽然强调了0和1、2、3以致万物的关系，却没有数学，不亦悲乎！

（他改换了语气）

顺便说明，人类生存于正物质的宇宙，所以永远不可能观察到"反物质""反人"以及它们构成的"反宇宙"。依逻辑推论，"反宇宙"以"反维度"的形态与我们的宇宙阴阳相反，对立存在。如果正物质与反物质相遇，正宇宙与反宇宙相遇，相当于数轴的两端重合，一定会相互抵消，发生湮灭。这可以看作与"无中生有"相对应的"有归于无"。原始宇宙的"无"原本就是最小的正反振动不断生成与湮灭的平衡，平衡打破生成正物质和反物质、正宇宙和反宇宙，最终在那个无限的接合点上又相互湮灭复归于"无"的平衡。

无中生有，有生万物，万物归无，相对运动就是一切——我的无中生有论与相对论的基本精神关系如何？

庄周看到，亚里士多德双臂下垂，双眉紧锁，形如槁木，神若凝烟。

量子在魔幻中跳舞

1945 年 8 月 6 日和 9 日，美国的"小男孩"和"胖子"分别降临日本的广岛和长崎，毁灭性的爆炸震惊了全世界，也震惊了亚里士多德和庄周。两位幽灵省略了寒暄，在太平洋上空游荡。

庄 周

> 如此巨大的威力，不可能是火药。

亚里士多德

> 当然不是火药，是核弹。

庄 周

> 核弹是什么？

亚里士多德

> 科学的进步使人们逐渐深化了对各种物质元素的认识，知道了原子中蕴含着巨大的能量。核弹以铀和钚等重元素为燃料，通过热核反应发生原子核裂变，瞬间释放巨大的能量，比 TNT 炸药的威力要大千万倍。一般炸药的爆炸是化学反应，是原子之间组合状态的变化，构成炸药的元素自身并未改变，而核反应是原子核的变化。不同物质元素的原子核由不同数量的质子和中子结合而成，在核反应中，铀、钚等重元素原子核的原有结构被打破，裂变为较轻元素的原子核，释放巨大的能量，产生极高的温度，形成强烈的冲击波和光辐射，以及核辐射、核电磁脉冲、放射性沾染等。

庄 周

> （义愤填膺）西方人用中国发明的火药制造武器，打

中国，打世界，还要发明核武器。核弹多了，全世界都
要毁灭。这就是科学的罪恶。

亚里士多德

（分析）夫子所言亦是亦非。武器和战争是人类的罪
恶，西方有，中国也有。而科学是中性的，用以伤害人
类为恶，用以造福人类为善。

庄 周

（不服）与其善恶相随，不如不要善恶。科学使人类
生活脱离了远古时代的自然状态，解决了无数的小问题，
却带来了更多的大问题，水更深了，火更热了，国如累
卵，民如倒悬，善乎恶乎？福兮祸兮？

亚里士多德

（略带嘲笑的口气）那么夫子理想的"幸福"是什么？
采集、农耕、放牧、渔猎，无忧无虑的吃喝玩乐吗？

庄 周

思想！人的幸福，在生物学意义上的吃喝玩乐之
外，更重要的是自由的思想。（以反嘲笑的口气反问）大
师当年不是这样幸福地生活吗？自由思想与血肉横飞相
比孰为幸福？

亚里士多德

我不反对夫子的幸福观，自由的思想的确是幸福生活的最高境界。吃喝玩乐、学习、论辩、劳动、创造，皆因思想而快乐。所以，艺术、科学和哲学，以及相关的学习、思考、讨论、欣赏，是最幸福的生活方式。但是，历史总要向前发展，生活是历史发展中幸福和痛苦的混合体，不要痛苦，只要幸福，从客观上说，社会和历史条件不允许，从主观上说，也会失去享受生活的能力。追求幸福要付出痛苦的代价，而经历痛苦才能得到更多的幸福。这是人类社会发展的必然，好像也符合夫子推崇的相对性，没有痛苦，也就没有幸福，夫子一定是认同的。

（他的哲理无懈可击）

科学的发展与文明的进步是同步的，人类社会的历史就像一条河，老聃夫子推崇的"小国寡民"是历史的源头。远古时代的埃及、巴比伦、印度和中国，由于地理环境的区隔，都曾经互不相知，独自存在，但历史之河使他们汇入了同一个世界，战争、和平，痛苦、幸福，科学不断发展，文明不断进步，世界不断变化，历史不断流淌，"小国寡民"的源头再好，也一定要流向海洋。

庄　周

（感到有些力不从心）流向海洋是河水的悲剧，生于高山，死于大海。

亚里士多德

（笑）夫子曾说，"指穷于为薪，火传也，不知其尽也"，我们是否还可以说，"水穷于为流，河传也，不知其尽也"？

庄周终于无言以对。

两位灵魂从十几天的深思中醒来。

庄 周

科学还要做什么？

亚里士多德

（语出惊天）还要做很多，不但我们想不到，科学家们也想不到。科学甚至可能面临传统的颠覆。

庄 周

（不解）大师何谓？

亚里士多德

量子物理……马克斯·普朗克，量子的发现者，他的黑体辐射定律说，能量的最小单元等于他的"普朗克常数"乘以辐射电磁波频率，即 E=hv，能量被分成一份一份不连续又不可再分的能量子，"量子"概念横空出世。爱因斯坦用量子化思想解释光电效应，认为光是由不可分割的能量子组成，提出了光量子的革命性概念。玻尔在元素光谱研究中引入量子化条件，认为电子绕原子核旋转的轨道只能依不同能量状态分为特定的层级，提出了新的原子理论。德布罗意从爱因斯坦的 $E=mc^2$ 和普朗克的 $E=hv$ 论证了电子是波，然而他仍然希望波粒统一，宁愿相信电子就是一个粒子，但始终有一个波伴随并引导它运动。究竟是粒子还是波？有一个幽默的解释：物理学家们在每周的一三五把世界看成粒子，二四六把世界看成波，而周日则向上帝祈祷。

（他收起了并不轻松的微笑）

量子的奇异特性引诱一批优秀的物理学家投身于量子力学。海森堡发现，观察每一条光谱线实际得到的不是能级和轨道，而是"能级差"和"轨道差"，于是引出了"矩阵"，每个数据都要用纵横坐标两个变量来表示，电子的动量 p 与位置 q 相乘，变成两个表格相乘，得到了 $p \times q \neq q \times p$，由此，"矩阵力学"诞生了。半年后，薛定谔从"德布罗意波"获得灵感，用传统方式推出了轰动整个物理学界的"薛定谔波动方程"，建立了"波动力学"。然而人们很快发现，矩阵和波函数可以相互推导，两种理论在数学上是等价的，在狄拉克的量子力学经典教材中成为同一理论的不同表达。

（他的短暂停顿花费了人间很长的时间）

量子被薛定谔描述成一个空间分布函数，从一个粒子变成了无数振动可能的叠加。而波恩却另作解释，量子还是一个粒子，但它在空间中出现的概率是按照波函数分布的，好像一个波，波函数的实质是"骰子"。爱因斯坦说，上帝不掷骰子，玻尔说，不要指挥上帝怎么做。1927年，海森堡终于领悟到 $p \times q \neq q \times p$ 的含义：对于动量和位置的观测，顺序不同则结果不同，位置测定得越准确，动量的测定就越不准确，反之亦然，不可能同时得到准确的动量和位置，从而推出著名的"不确定性原理"。而肯纳德认为，位置的不确定性和动量的不确定性是粒子的秉性，与测量的动作无关。玻尔则认为，测不准关系的基础在于波粒二象性，波粒二象性是量子的双重属性，关键在于如何观测，从而提出了体现他一贯思想的"互补原理"。

（他似乎已经被量子化了）

在我看来，量子的背后不是上帝，而是魔鬼。在量子力学的争论中，得到普遍认可又匪夷所思的有三个东西："不确定性""波函数"和"波粒二象性"。基于权威的"哥本哈根解释"，一种盛极当下的观点主张，人的观测使波函数"坍缩"为某一确定的状态，是意识决定了量子的存在，而宇宙即起源于"量子事件"，所以，宇宙的存在也是由意识决定的。

亚里士多德的表情复杂而麻木，庄周却眉飞色舞。

庄 周

量子论，天才的理论，物理学的又一次革命！

亚里士多德

（旗帜鲜明）我不喜欢这样的革命！依据量子理论推测，世界生于随机，存在由于观测，概率和意识将从根本上颠覆客观世界的因果性和实在性，颠覆决定论，物理学也将自我颠覆！

庄 周

（异常平静）如果被颠覆就说明它不是真理，但物理学不会被颠覆，只会向更高的境界跨越和拓展。爱因斯坦相对论并没有颠覆牛顿力学，也没有颠覆麦克斯韦电动力学，而是在它们基础之上的革命性进步。同样，量子物理学也不会颠覆经典物理学，反而将使物理学赢得"涅槃"，浴火重生，只是这一次革命尚未完成。在科学发展过程中，总是会遇到一些根本性的矛盾和难题，破解了难题，科学就进步。大师不是曾经这样教导我吗？

亚里士多德

（痛苦至极）但是量子论带来的难题太根本了，以至于人的思维都将无法承受！

庄　周

（言简意深）那么就把人的思维变换到天的思维。

亚里士多德

（恳请暂停）天的思维？我们需要思考。

灵魂在思考，时光在流逝。

1954年，时维九月，序属三秋。两位灵魂还原本形，飘上十二万米的太空。

庄　周

（发启天思，遍指太阳系家族和更加遥远的繁星）那是实体物质的宇宙，是经典物理学的对象。而我们以往所谓"玄冥之境"，现在可以明确称之为"量子宇宙"，由量子态的亚原子粒子构成，以场的形态（他们说是波函数）充分渗透于实体物质宇宙之中。经典物理学早已涉及了量子宇宙。比如，光属于量子宇宙，又普照实体物质宇宙。从古希腊对光的本质的最初探讨，到17世纪开始的"波粒之争"，对于光的研究贯穿了几乎全部科学发展史。物理学涉及的光子、电子以及不断被发现的各种亚原子粒子，在实体物质宇宙中无处不在，没有它们就没有实体物质，但它们本身并不是经典的物质概念，而是以各种振动形成的"场"的形态存在，爱因斯坦的"光量子"也许与"光量场"是等同的，我不知究竟名之曰"虚物质"还是"场态物质"为好。在以后的讨论中，我们应该把"场态物质"或"虚物质"与传统的"实体物质"或"实物质"概念加以区分。

作者私语：量子的概念包含了光子、电子、各种亚原子粒子、基本粒子等微观粒子概念，属于物质，却不具备宏观物质的实体形态。我据此推想，实体物质就是由以场的形态振动的能量子基于相互间的匹配机制构成的。

人们在对物质世界的研究中创立了物理学，研究深入到亚原子粒子，量子物理诞生了，这是物理学发展的必然。但是人们的思想必须转换到量子宇宙的立场，从场态物质的特异性质出发，去推测、理解、论证量子宇宙的真实状态，而不能把实体物质宇宙的惯性思维生搬硬套到量子物理之中，把场态物质现象与实体物质现象等同对待。否则，不可能找到正确的思路，误入歧途将是必然结局。

亚里士多德

（迷茫之中似乎寻到一丝希望）那么运用夫子的"天思"，就可以找到正途，得到完美的量子物理学吗？

庄 周

宇宙的本原是无，无中生有、有生万物，是原始宇宙—量子宇宙—实物宇宙的自然演化过程。从这个观点出发可以推断，人们必须学会用量子化的思维考察量子，理解观测和实验的结果，成功的量子物理学最终将以量子宇宙及其与实物宇宙的关系为对象，成为与经典物理学相衔接的物理科学。如果大师"科学发展无止境"的论断正确，将来甚至可能诞生以原始宇宙的"虚无"为对象的物理学，我们姑且名之曰"零子物理学"。但是，（他回马一枪）人类永远不可能得到"完美的"科学，科学将是无穷无尽自圆其说的过程，这是认识的局限性或者"不可知原理"决定的。

亚里士多德

（似梦似醒）夫子希望物理学最终证明不可知论，果真如此当然也是好事，但愿你的"殊途同归"理想真能实现。不过这只是夫子的一厢情愿。

庄 周

（笑）无所谓。哲学也好，科学也好，颠覆也好，成功也好，南辕北辙也好，殊途同归也好，反正最终的结论都是"不知道"。周生来就是无所谓之人，死后则是无所谓之魂。

亚里士多德

（竖起拇指）夫子主张不可知论，却始终保持对知识的好奇和追求，这就是敢于自我否定的科学精神。

庄　周

（若与道俱往，虚仁神素）探索真理是我的爱好和本分。真理就是"不可知"，需要无限的证实，我会像诵读圆周率一样，习而思之，享受无限的过程和无限的信念。人类科学的任何新发现、新理论，都不会使我震惊，只是需要新的解释。思考新的解释可能需要反复的自我否定，然而最终结论我早已知道，就是"不可知"，希望越来越多的人同意我的结论。

亚里士多德

我不同意不可知论，不过倒是越来越倾向于接受"无中生有"了。"无"是我们以前说过的"太虚之境"，是动态平衡的原始宇宙。"有"的最初形态是"玄冥之境"，也就是以"场"的形态存在的量子宇宙，从原始宇宙中自发产生，是单一的能量世界，我们灵魂也在其中，不同的粒子其实就是不同方式的振动，它的效应就是场。但是，作为"场态物质"的亚原子粒子如何能形成实体物质呢？

庄 周

一般认为，"强相互作用力"使夸克组成质子和中子并结合成为原子核，这是人类从实体物质立场出发的惯性思维。"强力"是什么？是亚原子粒子之间交换更小的粒子？为什么交换？更小的粒子是什么形态？这可以导致循环问答，永远得不到最终的解。然而，按照我们讨论相对论时的观点推导，就不需要留下这么多的问号。

粒子就是场，不同振动模式的粒子场形成相互关系、相互影响，表现为振动频率之间发生吸引或排斥，排斥是振动频率之间不能匹配而碰撞弹开，吸引则是振动频率之间形成依存关系，组成共同的场。比如质子和中子组成原子核，可能是由于二者各自的频率相互匹配而缠绕依存，甚至形成能量交换的循环，使质子和中子轮流反复互换角色，质子变中子，中子变质子，从而紧密地结合在一起，形成一个相对稳定的"协振模式"，这就是原子核。

周以为，"强力""弱力"和"电磁力"，只是人们以实体物质手段观察量子世界所得的表象，真实的情况是量子场的振动频率之间发生的关系，这才是基本粒子作为"虚物质"组合成各种"实物质"的原理。由此，人类所在的实物宇宙得以从量子宇宙产生。

作者私语：我的记录能力可能又出了问题，庄子似乎又违背了科学的现有结论。

亚里士多德

（并不释然）如此，"无中生有"似乎可以自圆其说。但是，我还是担心量子物理。人们从宏观的实物宇宙发现了微观的量子宇宙的一些特性，在科学家的争论之中创立了量子力学，它仅仅初步反映了实物宇宙与量子宇宙的一些表面关系。比如，对电子状态的观测，动量和位置不可兼得，如果测量动量的误差接近于零，则同时测量位置的误差就趋向于无穷大，反之亦然，只能同时测得模糊的动量和位置，从而得出"不确定性原理"。再比如，电子究竟是粒子还是波的争论，演化出相互对立的"矩阵力学"和"波动力学"，后来却发现二者之间竟然可以相互推导，电子既是粒子又是波，既不是粒子又不是波，粒子和波在具体条件下相互排斥，而在整体上又相互融合，只能确认"波粒二象性"的矛盾概念。又比如，对于波函数的"叠加"与"坍缩"，被归结为"概率"因观测而实现，从而推出"概率解释"和"互补原理"，使意识成为粒子实在性的必要条件甚至决定因素。海森堡的"不确定性原理"、波恩的"概率解释"、玻尔的"互补原理"，共同构筑了量子论"哥本哈根解释"的核心。

（示意庄周不要打断）

但是，量子论还只是从实物宇宙观察量子宇宙的科学，并不是量子宇宙自身的原本规律，它的根本局限性在于"观测"，这还不仅仅是人类观测手段的局限决定的，更可能是实物世界与量子世界信息交流的局限决定的。由于这样的局限，人们只能以计算替代观测和实验，而计算的结果可能比对象的实在还复杂千百倍。按照海森堡的观点，物理学就是用数学把观测和实验联系起来的科学。我担心将来的物理学可能不得已脱离观测和实验，成为各种数学计算混合堆积的一团乱麻。量子宇宙真正的彻底的量子物理学应该是简单明确的，而原始宇宙的"零子物理学"（如果真的有一天能够创生的话）应该更加简明，然而实物宇宙的物理学似乎永远不可能清晰准确地描述它们。

庄 周

那么科学能否胜任彻底认知世界的使命呢？世界究竟可知还是不可知呢？

（等待亚里士多德自己得出不可知论）

亚里士多德

生命有限，而真理无限，以有限的生命追求无限的真理，只能失败。夫子一贯的思想也许是对的，世界也许真的不可知。（他对庄周的论断已经接近认可）夫子"无中生有"的哲学直截了当分辨世界的本原，很有才气，很有见地，但究竟是真理还是谬误，需要科学的最终证实或证伪，但愿科学能够胜任。但是科学更有可能另辟蹊径，追根溯源，获得完备的"万物之理"，否则世界就真的不可知了。

庄 周

　　追根和溯源是两件不同的事，根是根，源是源。生活在大树上的虫子，可以知道大树的枝叶，也可以知道树干，甚至可以知道树根，以及大树中所含的水分，但是永远不能知道水分来自大河的波浪，更不可能知道大河的源头。对于虫子，大树和大河是两个完全不同甚至毫不相干的世界。而人类生活在既有大树又有大河的世界，可以知道大树之根，也可以知道大河之源。对于树上的虫子，人类就像无所不知的上帝，但对于量子宇宙和原始宇宙，人类也只是实物宇宙中知根不知源的"虫子"。人类是聪明的"虫子"，可以从大树中的水分追溯推导出大河的存在，但是难以理解河水的流动状态，更无法理解大河形成的最初原因。这就是实物宇宙的量子物理学，知其然，不知其所以然。大师，我们生前也是虫子。

　　（暗自构思着"虫子"的寓言）

亚里士多德

　　按照夫子的比喻，人类的量子力学好比是固体世界的"虫子"知道了液体世界的河流，却知其然，不知其所以然。既然如此，夫子为什么喜欢量子力学呢？

庄 周

　　（放出灿烂的笑）我喜欢天才的"虫子"，他们在证明不可知论。

亚里士多德

不！他们在探索未知的世界。只要是真实存在的东西，人类终将可以运用科学认知它！

（他从情感上绝不甘心认同不可知论）

庄 周

可知止于原子。周曾经认为，一尺之棰，日取其半，万世不竭，这是当时中国人普遍接受的观点。而希腊的德谟克利特则认为，物质并非无限可分，原子是物质不可再分的最小构成。尽管他的"原子"概念仅仅是一种猜测，但原子的存在最终为科学所证实。那么物质究竟是不是无限可分呢？不同的原子具有不同的物质属性，而构成这些原子的亚原子粒子的属性则不同于经典物质，它们是"场态物质"，只有在构成原子之后才属于经典概念的实体物质。也就是说，把原子再分开，经典物质形态就消失了，只剩下振动的能量。

在物质是否"无限可分"的问题上，古中国人的观点是哲学思维，古希腊人的观点是科学思维，二者各有短长。对于古代人类，如果原子不可分，原子是最小的物质，那么"可知"止于原子；如果原子可分，把物质分没了，"可知"也止于原子。但对于现代人类，物质的原子确实是可分的，结果就是分出量子世界，而量子是既不可分又不确定的东西。如同河水的波浪对于树上的虫子，量子世界的真实对于实物世界的人类来说，无论从理论的逻辑上，还是从认识的实践上，最终都是可以接近但不可到达的"彼岸"。

量子力学如果不转换思维，只能始于"粒子与波"，终于"粒子与波"。因为"粒子与波"都只是量子世界在实物世界中的表象，实物世界的理论不能精确吻合于量子世界的实在，所以可知止于原子。量子可能已经是人类认知能力不可尽得的极限，而虚无则在极限之外，世界最终一定是不可知的。

（他志得意满）

亚里士多德

（绝不退让）知道了"粒子与波"，就是一种认知，而且量子物理学还会继续进步。学科无止境，世界可认知。

庄 周

（借力还击）无止境就意味着永远达不到彼岸，科学探索将是无限之旅。

亚里士多德

（急中生智，欲以周克周）夫子在讨论爱因斯坦相对论时主张"动"就是世界的本原，是"无中生有"的最初原因，难道这不是一种"终极认知"吗？"不可知的世界"不是已经被夫子知道了吗？

庄 周

（从容以对）吾知"无中生有"，并知"有归于无"，但知其然，不知其所以然。吾知无因"动"生有，不知"动"因何而动。大师，我的矛不是矛，我的盾也不是盾，它们永远不会自相争斗。

亚里士多德已经想入非非，哑然无语。

该死的猫快去死吧

地球在他们的玄思冥想中围绕太阳运行了三圈，来到1957年，亚里士多德与庄周从太空进入地球大气层，飘到美国上空。

亚里士多德

（忧虑）今年是爱因斯坦辞世两周年。爱因斯坦为量子力学的诞生做出了重大贡献，却终其一生也不承认量子力学的完备性。自量子力学问世以来，我一直在研究和思考，心中的疑团却越来越大。我不是反对量子力学，而是对其中的关键问题不知如何解释，夫子对哥本哈根解释如何评价？

庄 周

（平静）有问题，但问题最少，与其他更加蹩脚的解释相对而言，哥本哈根解释是量子力学已有的最好解释。

亚里士多德

（眉头皱起）问题最少，不代表问题最小，根据哥本哈根解释，微观粒子的存在是不确定的弥散状态，是波函数的概率分布，一当被人观测，多种可能性的叠加就坍缩成一个确定的值。玻尔反驳爱因斯坦的观点时，核心思想就是强调人的观测对于粒子实在状态的决定性作用。"不确定性原理"揭示并留下了一个最直接也是最根本的问题：人类无法通过观测确定基本粒子的真实状态。"概率解释"说，观测导致波函数坍缩的结果是随机的，排斥了因果性。"互补原理"说，客观必须依赖观测而存在，否定了实在性。而"观测"是什么？这个该死的"观测"最终只能被归结为人的意识，如贝克莱大主教所说，"存在就是被感知"，中国陆九渊、王阳明的

"心学"所谓"宇宙便是吾心，吾心便是宇宙"，可谓异曲同工，荒唐透顶！

庄 周

成也观测，败也观测，观测是哥本哈根解释的关键环节，其要害在于意识。

（他也不确定该不该同意哥本哈根解释，但在主观倾向上不想反对）

按照大师对灵魂的解释，灵魂生于肉体的大脑，也就是意识生于物质。按照哥本哈根解释推论，物质由于意识的观测而存在，因而意识决定物质。那么，意识和物质谁是第一性？这好像是鸡生蛋、蛋生鸡，究竟谁生谁，大师如何回答？

亚里士多德

（自知无聊）……除非是上帝同时创造了鸡和蛋，物质和意识。夫子如何回答？

庄 周

（轻松笑道）彼出于是，是亦因彼，彼是方生。物质和意识都是"有"的存在，无中生"有"，先有物质，物质是一，先有意识，意识是一。然而独一无二的一，只是单一的"有"，没有相对性，必须有二，与一形成参照，一和二才能同时成为现实。一和二实现充分的"有"，以至万物，而在"有"的意义上，又复通为一。天地一指也，万物一马也，天地与我并生，万物与我为一。物质与意识，生蛋的鸡与生鸡的蛋，相对而存在，一而二，二而一，其异也为二，其同也为一。贝克莱与陆王者流，无出其右耳。

亚里士多德

（纠缠第一性）依夫子之论，零生一，一生二，有了二，一才有实在的意义，这似乎符合玻尔的"互补"。但是无论物质和意识是否在"有"的意义上合而为一，它们毕竟有所不同，一是一，二是二，一先于二。物质与意识谁为先呢？

庄 周

根据我们共同的认识，基本粒子的不同组合构成物质，物质的大脑产生意识，似乎物质在先。然而，仍然根据我们共同的认识，实物宇宙产生于量子宇宙，量子宇宙中可以有灵魂的存在，难道量子不可以直接生成其他形态的意识因子而先于物质存在吗？我们曾经讨论过，如果宇宙空无一切，只有单独的物质，或者单独的意识，都不具备"存在"的意义。物质和意识相对而存在，它们是"1+1"，从此而论，我同意玻尔。至于谁是第一个1，谁是第二个1，吾乌乎知之？不可知！

（从相对主义推导出不可知论）

亚里士多德

（中断了论辩）我们需要思考。

灵魂的思考飘过了人间七个春秋。玻尔辞世两年后的1964年，亚里士多德和庄周在哥本哈根上空醒来，忧愁替代了寒暄。

亚里士多德

（提出严厉的质疑）玻尔一直与爱因斯坦争辩量子力学的完备性，捍卫哥本哈根解释的权威。哥本哈根解释说，量子的不确定性状态可以用波函数做出概率性的确定描写，人的观测导致它从多种可能的叠加状态坍缩为一个点，依概率而定，它必须与观测互补才能成为实在。这就是量子物理吗？对于波函数的"叠加"和"坍缩"，哥本哈根解释并不能像 2－1=1 那样明确。因为波函数的叠加就像包含无数1的 x，坍缩成1，需要排除比 x 少1 的 y，就是 x－y=1，而最后剩下的1是 x 所含无数个1当中的哪一个，只能掷骰子由概率来决定。

庄 周

（面向亚里士多德，笑貌与愁容相对）哥本哈根解释确实不完备，但科学要发展，发展无止境，大师不是这样说的吗？

亚里士多德

（眼睛放出了异彩）我在夫子的笑容之间看到了茫然。没有因果性，没有实在性，只有"概率"和"互补"，我无法想象这样的世界，更无法接受这样的理论。我原以为自己老了，看来夫子也差不多了。

庄 周

（依然微笑）大师不必嘲笑。我的茫然缘于科学的茫然。如果大师的自信只能与我的茫然"互补"，说明科学也快完了。但是我们都不老，灵魂不会老，科学也不会完，科学之路还很长，只是正途隐于歧途之间。

亚里士多德

（凝眉）哥本哈根解释是正途还是歧途？

庄 周

（与之方圆，窥之环中）不确定，但量子论似乎只能沿"哥本哈根"继续前行，也许有天才出现，也许有神仙指点，峰回路转，柳暗花明。

亚里士多德

（不依不饶）夫子认为哥本哈根解释最有希望，我却无比憎恨人们由它推导出"意识决定存在"的荒谬。

庄 周

（笑）大师当年在《形而上学》中说，"全部本原的
共同之点就是存在或生成或认识由之开始之点"，"自然
是本原，而元素、思想、意图、实体和何所为或目的都
是本原或始点"，"在很多情况下善和美是认识和运动的
本原"。按照现代科学的标准衡量，这样的叙述实在有
点乱，这可能是大师从万物万象探讨本原，寻求原因，
欲穷尽一切，却为其所累，从庞杂到烦琐，不能知其所
终。然而，大师所关心的是"一切原因都是本原"，似
乎并不在意"第一性"，现在为什么对意识决定存在如
此不能容忍呢？

亚里士多德

（有点不好意思）我的《形而上学》在今天看来，确
实有点乱，那是因为我要从各种"形"探讨"形而上"。
但对于宇宙的本原，我现在更加坚信是"关于存在的存
在"，这是一个极端抽象的概念，夫子把它解释为相对
性，我姑且认可。但我绝不能容忍存在由于意识的观测
而存在，因为这会引出另一个问题，意识本身又是如何
存在的？所以我必须在物质和意识的"第一性"上纠缠
不休。

庄 周

（笑）那么周所主张的没有第一性或都是第一性，大
师能否接受？

亚里士多德

不能！我绝不接受诡辩。诡辩术是研究偶然性，而存在的原因是必然性。柏拉图说，诡辩者是把时间消磨在不存在上。这话对夫子是很中肯的。

庄周

（佯败）两千多年了，大师仍然是柏拉图老师的好学生。

亚里士多德

（认真严肃，愁眉不展）吾爱吾师，但吾更爱真理。为了真理，我不但批判过老师，而且批判了自己，也会批判夫子，还会批判更多谬误。我们可否求同存异，暂时搁置"哥本哈根"，首先对量子论其他的解释做出评判？

庄周

（神态漠然，像是在看别人下棋）大师的科学态度令周钦佩。周斗胆妄言，哥本哈根以外的其他"解释"都是歧途，而哥本哈根也不能确定是正途。正途不明，更多的歧途会不断出现，更多的人会误入歧途。

亚里士多德

（忧心忡忡）误入歧途……

1971年，亚里士多德在沉思中听到庄周的呼唤而醒。

亚里士多德

我们现在何处？

庄 周

几内亚湾，赤道几内亚的海岛首都马拉博上空。赤道附近对于天文地理还有些特殊意义，但我们既不观天象也不察风水，是否飘回哥本哈根？

亚里士多德

（忧心未解）不必，面向大洋，有助思考。量子论的前方荆棘丛生，崎岖险峻，科学的前景歧途遍布，何去何从？

庄 周

请大师谈谈歧途之忧。

亚里士多德

（在胡须中龇了龇牙）我们从埃尔文·薛定谔说起，他的那只猫。把一只猫关入设有精密毒气装置的暗箱，再放置一个放射性原子。原子的衰变会辐射出中子，触发机关放出毒气，关在暗箱中的猫就会被毒死。而放射性原子何时衰变是不确定的，决定了实验结果的不确定。有人解释说，没有观测，这个原子处于衰变／不衰变的叠加状态，一旦观测，或者衰变，或者不衰变，而那只可怜的猫，或者被毒死，或者还活着。那么，在开箱观测之前，猫就必然和原子的命运一样，处在死／活叠加的状态。

庄周

（填补了亚里士多德的停顿）薛定谔把自己的波函数描述成为噩梦般的猫实验，把量子现象引进了实物世界，给哥本哈根解释出了一道难题。

亚里士多德

这道难题的根本意义，就是混淆"场态物质"现象与实体物质现象的界限，引出量子论解释的歧途。我们必须对难题本身做审慎的分析。

放射性原子处于衰变／不衰变两种可能性叠加的状态，是因为它的内部结构不稳定，要通过"衰变"调整结构，衰变是它自身内部原因决定的，衰变与否只取决于其自身的原因，表现出概率的特点，是纯粹的客观事件，与人的观测无关。不会因为没有人观测就永不衰变，也不会因为有人观测就立即衰变，自然界中放射性原子的衰变都是自发的。如果它衰变，不观测也衰变，如果它不衰变，观测也不衰变，并非由于被人观测才随机决定是否衰变，波函数是否"坍缩"。而猫是实物的生命形态，在原子衰变放出毒气之前是活的，之后是死的，根本没有一只"死/活叠加"的猫等待它狠心的主人来观测。

总之，这个实验不可能得到"原子衰变—死猫/不衰变—活猫"的叠加被观测后坍缩为其中一种现实的结论，实物现象的可能性不等于量子现象的波函数。"薛定谔的猫"，无论是死是活，都应该尽快被埋葬。

（拨乱反正的底气十足）

庄 周

大师的分析可谓客观公正。但薛定谔的猫不是薛定谔的错。周以为，薛定谔提出猫的思想实验，是为了说明他的波函数。薛定谔是天才的科学家，他的波函数是对粒子存在状态最近似的数学描述。而人们所谓的"坍缩"，并不是粒子由于人的观测从不确定状态变成了确定状态，只是人"抓到"了粒子实际状态的某个"片段"。哥本哈根解释如果认为，人的观测决定了粒子的存在状态，那就是一个错误。人的观测导致波函数"坍缩"为一个确定的值，是对人的主观认识而言，但观测者并没有得到粒子存在状态的全部真实，而粒子的客观状态始终是场。即使因为观测借助的能量"干扰了粒子的状态"，也只是改变了它原有的位置和动量，它仍然处于位置、动量不确定的波粒一体的"场态物质"形态。

作者私语：两位伟大的灵魂如此憎恶薛定谔的猫，然而对它的主人却敬佩有加。庄子后来告诉我，薛定谔不仅用他的波函数为量子力学做出了杰出贡献，还用量子力学的思想研究生物学，探索物质与生命和意识的关系。他向我特别推荐了薛定谔的著作《生命是什么》。

亚里士多德

我完全同意夫子的观点，量子理论说，原子、分子、成型的物质甚至整个宇宙，都可以用波函数表达。这是因为波函数不仅可以表达量子的"场"，也可以表达物质的"场"，说明量子力学与经典力学是相通的，比经典力学层次更高，涵盖更广。在波函数中，量子状态的概率复杂多变，而猫和月亮的概率可以看成百分之百。所以，坊间的神话是对量子力学的歪曲，无论放射性原子状态的波函数概率如何，薛定谔的这只猫始终没有随之分解为一团飘忽不定、等待观测的"波函数"。否则，薛定谔锁进保险柜的珠宝也会化为一堆粒子，等他再打开保险柜观测，概率难道不会把珠宝的波函数坍缩成一只老鼠或一堆蟑螂吗？

（故意借助了庄周的语言方式）

庄 周

（接过话锋）现代物理学把猫和宏观实体物质也看作"量子化"的状态，是从量子物理和经典物理的一致性出发的，作为人类认知的对象，场态物质和实体物质都具有不确定性，而实体物质可以作为一种特例，其不确定性接近于零。所有实体物质都在微妙的变化之中，但从整体而言，它们是确定的。如果因为无人观测，确定的实体物质就变回不确定的场态物质，一切都处在不确定性原理的统治之下，玻尔的实验室在下班锁门之后将是怎样的结局？全世界都会乱套！

因此，不确定和概率、互补，波函数和叠加、坍缩，是对量子现象的描述，虽然也可以描述实体物质事件，但并不改变实体物质的确定性。这是微观世界与宏观世界的根本区别，二者的不同特性很可能是由不同的维度决定的，我们作为灵魂观察的量子宇宙和实物宇宙就是如此。

所以周主张，自然从原始的虚无产生量子宇宙，进而演化出实物宇宙，不确定性从无穷大到接近于零，这就是无中生有。量子态与实物态之间既有联系，又有区别。然而在量子论的迷雾之中，薛定谔的猫仍然被世人认为是一只又死又活、不死不活的猫，这只猫将会引导人们走向种种歧途。量子论的前景处在多种可能性的"叠加"状态，这倒真有点像"波函数"。

亚里士多德

把实体物质量子化，存在与观测"互补"，作为物理学理论是有价值的，但是经过种种世俗的曲解，会引发无限的疑问。比如，如果说实体物质与场态物质在波函数的概率上没有差别，那么经过多次观测，一个物体如何能反复还原为相同的物体，作为观测者的人是不是也处在多种可能性叠加的状态，谁来观测使他定型，最初的观测者是谁等等。量子现象中难以解释的矛盾，不确定性、波粒二象性、波函数，是因为人类从实物世界观测量子世界，只能得到这样的结果。把观测到的量子现象强加于实物宇宙，得出观测导致坍缩、意识决定存在的结论，这是不可饶恕的根本性错误，是可忍，孰不可忍！

（他忍无可忍）

庄 周

（表现出一种被迫的嘲笑态度）如果说因为微观粒子是不确定的，就决定它们组成的实体物质也是不确定的，那么，原子、分子以致整个实物宇宙都无法稳定存在，只能永远处于"场态"，唯一能使这个巨大波函数坍缩成确定值的决定因素是人，但人自己也只能是不确定的。这样的"科普作家"太有意思了，他们编的神话把自己都骗了。宇宙无论如何演化，永远是一个量子宇宙，原子和分子，太阳和地球，各种实体物质，始终不能形成确定的形态，原因是没有人来观测它们，人自己的波函数也要等待被观测才能坍缩。

上帝快来吧！您老人家第一天要首先"观测"光，使光和暗坍缩为昼和夜。第二天要观测空气，使空气坍缩为天。第三天要观测水和地，还有青草、蔬菜、树木、果子，让它们分别坍缩。第四天一定要观测太阳、月亮和星星。第五天别忘了观测有生命的物，水中的鱼和空中的鸟。第六天还要观测地上的牲畜、野兽和昆虫。可是您老人家为什么要等到最后关头才观测人呢？您应该第一天就观测亚当和夏娃，把他们从邪恶的波函数中最先解脱出来，派他们去观测所有的人，观测光和天地万物。这样，您在第二天就可以安息了，而人们管理水中的鱼、空中的鸟和地上的各种活物，也可以按照您创世的节奏，干一天歇一天。

亚里士多德

（笑得很解气，但很快又转向忧愁）不可思议的量子现象引发了人们思想的混乱，以至于量子力学作为全新的科学理论，一直在各种歧途解释中间徘徊，继续前行将取决于能否找到正途。

庄 周

科学似乎已经无力担此重任，如果人类无法用量子手段实施对量子现象的观测和实验，就只能以数学的计算取而代之。总有人可以算出更多的结果，用更多的谬误解除现有的谬误，饮鸩止渴。量子力学要找到正途，不能在矛盾之间算来算去，需要脱身其外去理解矛盾现象，需要正确的思路，需要哲学的智慧。

（他闭上了眼睛）

眼见为实只是谎言

1986 年，两位灵魂从沉思中醒来，竟然飘在珠穆朗玛峰顶的云雾中间。

亚里士多德环顾四周，发现世界之巅比量子之论还玄，但空空如也的感觉对于灵魂来说，比歧途遍布好多了。

庄 周

（拱手）论辩—思考—论辩是灵魂的享受。大师此番有何见教？

亚里士多德

（从忧愁和激动恢复了学者的姿态）量子论太玄奥了，以至于对它的每一种解释似乎都是谬误。为了避免哥本哈根解释生出的"骰子"和"意识"，物理学界形成了一波另类思潮，主张波函数并不会坍缩，而是多种可能性的分裂，分裂为多种现实的结果，所有的可能性随时随地都在实现，但人的观测只能得到其中之一，因为人也分裂了。

这一思潮生出各种各样奇奇怪怪的观点，就我所知，最极端的是"多精神解释"，说观测对象并没有分裂，而是观测者大脑的思维状态分裂了。这简直是荒谬绝伦，我看是"多精神解释"的发明者自己的精神分裂了！这样的歧途理论如断崖一般，反倒容易辨别。真正的危险在于貌似合理、似是而非的理论，比较典型的是"多世界解释"和"多历史解释"。

庄 周

何为多世界解释?

亚里士多德

（苦笑）多世界解释为了回避观测导致坍缩之谜，说观测之后波函数并未坍缩，而是波函数的所有可能性都实际发生了，世界也随着各种可能性分裂成许多个。比如著名的双缝实验，如果一次只发射一个电子，或者穿过左缝，或者穿过右缝。"多世界解释"说，电子始终处于"叠加"状态，同时分别穿过了左右两条狭缝，与此同时，整个世界以及观测者本身也分裂为叠加的状态，其中一个世界中的观测者看到电子穿过了左缝，另一个世界中的观测者则看到电子穿过了右缝。对于一个电子的观测，居然导致了观测者本身以及全世界的分裂。这样的分裂随着"观测"随时发生，以至无穷，也就是说，实际上世界早已分裂为无数个。但是无数个世界以及其中的人们相互独立，互不相干，彼此不能相知，因为他们已经分裂了。多世界解释认为，宇宙是一个总的波函数，按照薛定谔方程持续演化，不断增加的世界在其中平行存在，但每一个世界都是孤独的。这种理论也被称为"平行宇宙"理论。

庄 周

何为多历史解释?

亚里士多德

（笑得更苦了）按照多历史解释，波函数的叠加也不会因为观测而坍缩，但叠加不是在空间中，而是在时间中。每个事件的一切可能性都实际发生了，形成了无数的历史，这些历史相互脱散，彼此失去联系，"退相干"。一个人只能属于一个历史，但这个人可以依据另外的可能性随时分裂，进入到另外的历史，在无数的历史中，有无数的这个人存在。与"多世界"同理，这种"联合历史"是所有可能性的叠加，没有坍缩，没有概率。据说数学上计算所有这些历史的"退相干函数"，来源于"路径积分"的方法。一个粒子从 A 点运动到 B 点，没有一条确定的轨道，必须把两点之间所有可能的路径叠加，粒子走过每一条路径，形成无数个历史，"遍历求和"，绝大部分历史可以自相抵消，剩下的就是它的历史。

庄 周

（手在空中挥动）如此说来，多历史解释与多世界解释是时空互换，都是"分裂主义"。"多世界"是一个历史中分裂出多个世界，"多历史"是一个世界中分裂出多个历史，一个是分裂的空间版，一个是分裂的时间版，"多历史"和"多世界"一样多，无限多！

粒子的波函数本是概率的分布，不是粒子的分布，否则它究竟是一个粒子还是无数个粒子？宇宙中有无穷无尽的粒子，每个粒子有无穷无尽的概率，每个粒子和它们的概率可以把宇宙分裂成"无穷无尽"，那是什么东西？概率本来是1除以X，如果每一个可能性都实现，就变成了1乘以X，这算什么概率？难道1/X=1X？

他们算来算去的过程本身又会分裂出多少世界或历史？依据对量子现象的错误理解去解释四维时空的宇宙，他们说，世界有数不清的历史，或者历史有数不清的世界，人类只居其一，或者与其他的世界和历史中的人类互不相知，所以其他的世界和历史没有意义，或者可以互相抵消，等等。无论什么鬼话，数学竟然都可以帮助他们完成"计算"，伟大的数学不但支持真理，也支持谬误，真理是1，谬误是X，1/X=1X，怪哉！一个理论要添加那么多不可证实的假设，还不如只保留上帝一个假设。奥卡姆何在？"剃刀原理"为什么不出来主持正义？

所有那些废话归结为一，就是人类所在的世界和历史是因为人类的观察而存在。看来"人存原理"是科学无能的最终归宿。这是典型的以实物宇宙的思维妄臆量子宇宙的情形，又反过来用对量子宇宙的妄臆来曲解实物宇宙的实在，是之谓蔽于人而不知天！

亚里士多德

"多世界""多历史"想避免波函数的坍缩，解除"哥本哈根"引发的观测和意识的苦恼，却算出了数不清的空间分裂、时间分叉。无论量子的情形多么离奇，它并不能决定实物宇宙的命运。用对场态物质的误解绑架实体物质的世界和历史，是科学的耻辱！

庄 周

"多世界""多历史"应该联合起来才更刺激。一个粒子在空间中和时间中不断分裂，无数粒子也在不断分裂，世界和历史跟着无穷多的粒子分裂到更加无穷，无穷的无穷次方，多么壮观，多么豪放，多么痛快！两大理论，一言蔽之：太扯了！还是"多精神解释"可爱，确切描述了这些"科学家"的精神状态。

亚里士多德

可是"多世界"和"多历史"却正在得到人们越来越多的青睐，我想这也许并不是科学家的本意，而是"科普家"的创意。但是，谎言永远不能变成真实。换一种狭隘的眼光看，可能是人们祈望依照这样的"理论"，自己可以获得在更多空间和更多时间中存活的机会。在无限多的可能性中，总有一种继续存活的可能，无论在别的世界或历史中他死了多少次，都可以尽情忽略，因为无数可能性中总有他活着的世界和历史，所以他可以祈求永生，或者还可能当大亨，当总统。但是，在我们看到的这个世界和历史中，一个永生之人都没有，这一事实反过来证明，"多世界"和"多历史"是不存在的。

对于量子力学五花八门的解释，还有一个所谓"系综解释"，据说世界本质上就是统计性的，理论就是所有可能性的统计值，单个粒子、单个事件没有物理意义。不知道单个的字母对于"系综解释"的论文究竟有没有意义。一个尽量清晰的波函数语言，引出一堆彻底混乱的理论。

（结束苦笑）

值得庆幸的是，有的理论虽然几乎遭到彻底的否决，却可能对正确解释量子论具有积极的启发意义，比如"隐变量"之说。

庄 周

何谓"隐变量"？

亚里士多德

（谨慎）我们从 EPR 说起。为证实量子力学的不完备，爱因斯坦和波多尔斯基、罗森共同提出一个诘难，被称为"EPR 佯谬"。

一个不稳定的粒子自旋为零，衰变为两个粒子，飞向两个相反的方向，它们的自旋状态一定是一左一右（或者说一上一下），以保持总体守恒。如果按照哥本哈根解释，两个粒子共同处于波函数叠加的不确定状态，人的观测导致波函数坍缩，它们无论距离多远，观测使其中一个坍缩为左旋，另一个则一定同时坍缩为右旋，或者相反，分别由 50% 的概率决定。这种状况被称作"量子纠缠"。但是，两个粒子如何在遥远的距离以外保持步调一致呢？如果距离足够远，它们之间的信息传递就必须超过光速。

对于 EPR 佯谬，爱因斯坦认为，这种"鬼魅般的超距作用"是不可能的，两个粒子的自旋状态在分离的一刹那就已经客观确定了，人们后来的观测只是获得了它们客观状态的信息而已，绝不是观测才使它们从波函数坍缩为现实。而玻尔则认为，观测之前，"两个左右自旋的粒子"根本没有实在性，只有波函数，无论相隔多远，它们就是母粒子分裂时的全部，也就是说，是观测使两个粒子的分裂变成了现实，它们本是一体的，对其中一个的观测同时影响了另一个的状态，所以一个是左旋，另一个一定是右旋，并不需要超光速的信息传递。

庄 周

我支持爱因斯坦。

亚里士多德

（以外表的冷静支撑着缺乏信心的理性）量子论中的矛盾，是客观的现实，还是理论的缺陷？不确定，波函数，观测，坍缩，概率，互补，骰子，上帝，还有什么？是不是忽略了隐藏的变量呢？如果发现了隐藏的变量，是不是可以解开量子论的矛盾呢？

玻姆，一位勇敢的理想主义者，创立了他的"隐变量"理论，把德布罗意的"导波"增强扩展为"量子势"，从粒子的周围扩张延展而不衰减，粒子仍然是实实在在的，而它的量子势则是"隐变量"，使粒子可以瞬间"感知"环境的变化并发生相应的改变。玻姆似乎可以解释量子力学的矛盾和 EPR 佯谬，但他却放弃了定域性，允许了"超距作用"的存在，以至于从未得到爱因斯坦甚至德布罗意的认同。

庄 周

（不知应该点头还是摇头）隐变量的思路很有意义，不过玻姆的设计有点陋。

亚里士多德

紧随隐变量理论之后，"贝尔不等式"震惊了整个物理学界，几乎马上要宣判玻尔对量子现象解释的荒谬，爱因斯坦毕生坚持的定域性、实在性将重新主宰物理学。

（兴奋一闪而过）

但是，阿斯派克特领导的小组1982年完成了对EPR的检验。实验的结果出人意料：关于"EPR佯谬"的争论，爱因斯坦输了！量子纠缠确实存在，贝尔不等式被无情突破，反过来否决了贝尔自己的信念，玻姆的隐变量理论也不能成立。

如果为了坚守实在性，只能放弃定域性，然而岂能容忍超光速违背相对论呢？如果为了坚守定域性，就必须放弃实在性，客观实在只能由主观观测来决定。世界被科学逼向悬崖。"隐变量"，悲壮的失败！我也想支持爱因斯坦，但是他输了。然而我坚信，"隐变量"的精神仍然应该是量子论前途的希望所在。我真诚期待夫子的道家哲学从思路上助量子论一臂之力！

亚里士多德结束了一场悲情述说。庄周沉默了。

两位灵魂相互缠绕进入了深度思考状。

地球在公转轨道上运行了三周，他们苏醒于1989年的好望角。

亚里士多德

（内心充满期待）比较量子论的种种解释，多数是在基本思路上存在问题，相对而言，哥本哈根带来的问题虽然重大，却仍然有希望得到解决，关键是找到"隐变量"。我们几十年苦思不得，人间的理论歧途却层出不穷。我们不管人间的事，可是在灵界，我们不应坐视这个迷局跨过地球的20世纪。夫子的"天思"不是凭空吹牛吧，可有高见？

庄 周

承蒙大师厚望。周姑妄言之，请大师姑妄听之。阿斯派克特的实验只是有限支持了量子纠缠，并没有证明量子力学的完备性，更不能证明整个世界的存在状态都像量子一样。相信以后还可能有更加精确的同类实验，但这些实验是关于量子现象的，量子纠缠在实物世界显示出"超距作用"，而在量子世界完全可能并不"超距"。量子世界与实物世界一定分属不同的维度，贝尔不等式在量子世界不成立，而在实物世界却是铁律。

（他认真整理着他的布衣，但那些讨厌的褶皱永远也抚不平）

周以为，要排除"意识决定存在"的谬误，"隐变量"可能在于正确理解人的观测行为与粒子现象之间的关系：二者分别属于不同的维度，实物维度（即四维时空）和量子维度。基本立场是，"波函数"应当被视为在四维时空中对微观粒子存在状态的最近似描述，而"坍缩"却只是人在观测瞬间得到的零星信息，并不是粒子在量子维度中的客观真实。对于自然的客观真实而言，人类的观测永远是有限的，甚至有限的观测结果也有可能是虚假的。四维时空中的人类永远不能完全彻底地认识量子现象的客观真实。

（仰天远眺）

我们以光为例，大师当年认为，白光是光的本质，而色光是光的变种。现在我们知道，人类看到的白光系由原本的色光构成。但所谓光的颜色，红橙黄绿蓝靛紫，不过是人的视觉神经受到光的不同频率刺激引发的主观感觉和生理反应，颜色并不是光的客观真实。

光的本质就是不同频率的能量辐射，根本无所谓颜色。红外线、紫外线有颜色吗？电磁波是什么颜色？不同动物看到的世界是什么颜色？植物对阳光的感觉是颜色，还是味道，或者是瘙痒、快感、激动、安宁？其实，客观世界根本没有颜色，甚至没有亮度。可见光的"颜色"和"亮度"只是人类在进化过程中对于最关乎自身的能量辐射频率形成生理和心理反应的特定信号而已。对于光的真实而言，各种颜色，包括可见光综合形成的白色，都是人类观测所得的假象，亮度也是如此。即使无光状态，对于客观世界也没有"黑色"或"黑暗"的意义。

而人的眼睛依据小孔成像原理看到的一切，也都是相反的图像信号，是原点对称的假象。动物对外界事物正确的视觉感知，是在进化初期经过无数反馈把视觉假象颠倒过来才形成并遗传至今的。所以对于自然的客观真实而言，"眼见为实"只是谎言而已。

亚里士多德

（迫不及待）眼见为实是谎言，那么粒子的真相如何？

庄 周

（似乎并不喜欢被打断）真相是不可直接观测的"场"。粒子作为振动的能量单元，在场的范围内随机存在。人观测它的位置就失去了它的动量，观测它的动量又失去了它的位置。比如单个粒子的双缝实验，如果真的可以在两条缝隙后面留下痕迹，完全可能是因为这个粒子的"场"同时穿过了两条狭缝。但在两条狭缝处设置的观测仪器都不可能观测到"场"的整体，只能观测到粒子在"场"中出现的一个瞬间，而且同时干扰了粒子的运行状态，所以只能看到粒子随机穿过一条缝隙的结果。

周以为，对粒子不同的观测得到不同的结果，恰恰证明了客观的因果性和实在性。波函数近似于粒子的"场"，并不会因为观测而坍缩，只可能因为被观测而发生改变。否则被观测过后的粒子是什么状态？永远是一个实体的点，还是重新分解为波函数？所谓"观测导致坍缩"，只是观测所得全部可能性中的一个瞬间信息，而且转瞬即逝，是片段的、零星的"观测结果"。即使以同样的方法多次观测，将结果累加起来，也永远不可能得到全部真相。想把量子世界中不确定的对象在实物世界的观测中确定下来，只能得到错觉导致的假象，而真相在于观测之外！

量子在场中的状态没有实体物质的时空属性，在四维时空的架构中，只能得到跳来跳去、飘忽不定的表象，这是量子对于人的观测所作的"表演"。（声音加大了振动的强度）到了科学如此发达的今天，如果仍然固守"眼见为实"的痴心，对观测所得的"量子假象"信以为真，实在愚不可及！所以，玻姆苦寻不得的"隐变量"，不在客观，而在主观，在于人对量子维度事件有限观测结果的分析和理解能力，正确理解坍缩，方知没有坍缩，正确理解观测，方知不可观测，正确理解真相，方知难辨真假！

亚里士多德

（激动得跳起来）顿开茅塞！请夫子重新评价哥本哈根解释。

庄 周

我们重新审视玻尔"战胜"爱因斯坦的 EPR 佯谬。"量子纠缠"确实存在，但并非如玻尔所言，分开的两个粒子根本没有实在性，仍然是母粒子分裂时的全部，而观测使它们的分裂变成了现实。玻尔的胜因在于触及了波函数表达的场的特性，而这也正是爱因斯坦的败因，他忽视了量子场的特性。

周的解释是：作为"纠缠"的前提，母粒子分成两个相反自旋的粒子已经成为事实，它们已经是实在的。但它们以及母粒子从来就不是实体，而是振动形成的场。

所谓"相反的自旋"也只是一种对于性质的描述，其实可能是相反的振动形态。它们的场使两个粒子的振动仍然维系着紧密的联系，依据守恒原理形成相互关联的"纠缠"。由于量子场的特性，甚至可以有多个粒子形成纠缠关联。关键的问题是，量子维度与四维时空相互渗透又相互独立，纠缠的粒子之间并没有四维宇宙的距离和时间差异，从四维时空看，它们在空间上虽已相隔万里，而在量子维度，却是天涯咫尺，在时间上也是同理。所以，它们之间的纠缠不需要超光速的信息传递，"超距作用"只是量子事件在四维时空中的表现。然而人的观测只能证实它们的存在状态相互关联，并不能证明它们的分开和实在是观测影响的结果，因为人并不能得知它们被观测之前的真实状态。

以周之见，"纠缠"现象是量子宇宙的维度特性所致，没有实物宇宙的定域性，而实在性也并不依赖人的观测。关于 EPR 佯谬，爱因斯坦和玻尔之间的"纠缠"各有胜负，显现了量子宇宙与实物宇宙的交叉渗透，量子力学发现了量子宇宙的特性，但显然是不完备的，因为量子不属于四维时空。"量子纠缠"完全可以在技术应用领域取得广泛的成功，但并不意味着哥本哈根解释的正确，更不能证明"意识决定存在"的正确。古之人依据当时的宇宙观，日出而作，日落而息，并不意味着地心说正确无误。

在量子力学的哥本哈根解释中，海森堡的"不确定性"是观测所得的"测不准"关系，波恩的"概率"是观测所得的统计表述，而玻尔的"互补"只在波函数的叠加和波粒二象性上有意义，"观测导致坍缩"只是错觉或曲解，粒子客观的存在状态可能遭到人为观测的干扰，但其实在性绝不依赖于人的意识。以曲解和错觉为真实，推到极端，只能是"意识决定存在"，大错特错。所以，对哥本哈根解释需要重新认识，对量子现象需要审慎的分析和理解，把"视觉假象"颠倒过来，建立正确的量子认知。自然演化中有无尽的偶然，是由于人的认知能力不能揭示其原因，其实一切偶然都是因果关系导致的必然。自然是决定论的，只需要拉普拉斯，不需要以假乱真。自然演化的因果关系极端复杂，任何理论也不可能穷尽其真。"意识决定存在"的哲学结论，显然不如"无中生有"更符合科学，无中生有之"道"决定了现实的一切！

作者私语：我的记录能力再差，也不致使庄子的狂放失真。他太狂了，如此妄议尖端理论，令人惊骇不已。

亚里士多德

（再次高高跳起）量子理论必将成功，正途在此，希望在此！

真理岂能吊在弦上

1999 年的秋天，两位古代人类思想巨匠的灵魂再次相会，高度赞赏相对论和量子论点燃的科学爆炸，而对之后出现的迷茫、惶惑以及如火如荼的痴想忧心忡忡。

20世纪是科学的世纪，狭义相对论和广义相对论使经典物理学光芒普照整个四维时空，而量子力学则穿透四维时空，使科学之光射进了量子维度。

量子，物理学中最小的概念，一举搅乱了与人类历史共同进步的传统思维。尽管人们对一些根本性的问题还莫衷一是，甚至茫然不解，却不断有人乐观以对，认为已经充分理解了相对论和量子论的真谛，而且正在将其结为一体，统一的万物之理呼之欲出。

1928年，当海森堡的不确定性原理刚刚发表一年，矩阵力学与波动力学之争刚刚趋向缓和，狄拉克的量子力学教科书尚未出世，爱因斯坦和玻尔为上帝是否掷骰子的争论胶着起伏，胜负难分，居然有一位大科学家当众宣布，物理学将在六个月内终结。然而，这一盲目冲动的预言很快被中子与核力的发现所打破。

20世纪后期，在对量子论不同解释的分歧与交锋之中，弦理论应运繁衍，又有著名科学家宣称，人类可能已经接近探知自然界终极规律的目标，即将得出完美的统一理论。

亚里士多德

继17世纪科学革命以来，人类又经历了20世纪的科学爆炸，21世纪必定是技术爆炸的世纪，物理学、化学、材料学、工程学、生物学、医药学、生命科学、脑科学、信息科学和人工智能等方面的应用成果一定会突飞猛进，引发社会生活各方面难以想象的剧变。但是21世纪也可能是基础科学犹疑徘徊的世纪，人们寻求"统一理论"的梦想，将被世纪末的钟声宣告破产。

庄 周

大师如此冷静而残酷地评价科学面临的境况，在新世纪前夜做出如此悲观的"世纪预言"，令周始料未及！物理学面临最根本的问题是，有些人认为相对论已经解释了宏观世界，量子论已经解释了微观世界，而宇宙即起源于"量子事件"，所以相对论加量子论就等于"统一理论"。然而，他们不知道宏观和微观是两个完全不同又交叉影响的世界，因而无法把相对论和量子论简单相加。为此，出现了许多似是而非、不知所云的概念，这只能说明他们并未真正理解相对论和量子论的真谛。

相对于牛顿力学，爱因斯坦的相对论更加接近了四维时空的客观真实，而量子力学却只是人类对新发现却并未真正认知的量子世界一些现象的直观描述。比如不确定性、波粒二象性、量子纠缠，人们只知其然，不知其所以然，不理解这些奇异现象只是量子事件在人的观测中的"表现"形态，更不理解量子世界是他们身在其中却茫然不知的另一重特殊世界。尚处于少年时期的相对论和童年时期的量子论，怎能结婚生子呢？此之谓"见卵而求时夜，见弹而求鸮炙"。

亚里士多德

（不解）什么意思？

庄 周

（抬起双眉）见到鸡蛋就要金鸡报晓，见到弹石就要鸟肉鲜美，太急了。这倒是颇有点超越时空的"量子精神"。

亚里士多德

是啊，那些人仍然用四维时空的思维和学术方法来理解量子现象，只是刚刚粗略描画了几笔，就想得到终极真理，太早了，结果只能是陷入迷茫。

庄 周

（采用了一种怪诞的语气）为了找到"终极真理"，"弦理论"出来了，"膜理论"出来了，"M理论"也出来了。弦理论把粒子从一个点变成了一根"弦"，又变成了细管，可以闭合，可以分叉，说那是"卷曲的维度"，蜷缩到不可觉察，据说不同的弦理论算出了几百万种维度卷曲的方式。膜理论把一维的弦变成二维的膜，进而把宇宙也说成是"膜"，或者是"泡泡"，而且有很多的"膜"或者"泡泡"，人类的世界只是其中之一。M理论，据说算出了10的500次方个宇宙，各自可以具有自己的定律。一道题算错了，就再添加一些莫名其妙的因素继续算，一直算到好像对了甚至根本无法判定对错为止，这就是宇宙的终极真理？用科学写童话，编游戏，他们的上帝可能已经被他们气病了！

亚里士多德

（用冷静打断了庄周的激动）夫子不必过于武断，我们先对"弦理论"做一番客观的审视。弦理论是说，物质的基本单元不是粒子，而是比粒子更小的振动或旋转的能量弦线，包括线段状的"开弦"和圆圈状的"闭弦"。这个出发点与我们的认识有相似性，但是太实体化了，其思维起点是量子的实物化。

庄 周

（插言）大师可谓一针见血，我们认为，"最小振动的能量单元"是振动和能量的同一概念，即使以实物宇宙的思维理解，也应该是虚幻无形而非实体的存在，振动和旋转为什么一定要有实体的形状呢？请大师继续。

亚里士多德

据说，弦论是一个"颠倒的理论"。1968年，有人从两百年前的"欧拉贝塔函数"得到了一个描述弦的公式，作为一个有趣的理论片段，并没有明确的目标。后来，人们才逐渐理解了它对于"弦"概念的深刻含义，开始用量子力学和相对论研究弦理论。

20世纪80年代中期，出现了"第一次超弦革命"，"能量弦线"演化出很多种弦论，弦可以延伸，可以分叉，也可以闭合成一个圈，但是需要26个维度。90年代中期，出现了"第二次超弦革命"，推论出很多种"膜"，可以是片状的，也可以是闭合的，像救生圈、不规则立方体，或者泡泡和气球，"实物化"思维不但没有被放弃，反而强化了。他们认为，弦是重要的，膜同等重要，还有一个新概念叫"十一维超引力"，超引力是超弦理论的"低能极限"，即最低能量振动。基于弦理论和膜理论，神秘的"M 理论"应运而生。M 理论据说包容了经过大浪淘沙生存下来的五种超弦理论，号称是"以十一维超引力为其低能极限的量子理论"，有希望统一四种基本力。

（他闭目片刻）

据说不同的弦理论之间或弦理论的构造之间，就像跳华尔兹的男人和女人，形成一种对偶关系，叫作"弦对偶"。对偶是指表面上不同的事情其实是相等的。弦论中有那么多不同的膜，所有的膜都是基础结构相同的不同表现形式。对偶可以用一种类型的膜去替换另一种，有时还可以用膜去替换弦。"弦对偶"构成一整套紧密连接的网络，你可以从任何一个膜出发，经过几个"对偶"和"变形"，以任何一个膜结束。更进一步是"超弦"，"超弦"是考虑了"超对称"的特殊性质之后的弦。而"超对称"又是一个非常复杂的概念，涉及一系列物理学理论和奇异独特的数学，比如 $a \times b = -b \times a$，$a \times a = 0$，$b \times b = 0$。简而言之，对称就是一种等价性，可以保证弦固定于其上的"D-膜"的稳定性。超对称是关于玻色子和费米子的联系，每一个玻色子都有一个相同质量和电荷的费米子与它对应，反之亦然。超对称需要特殊的"额外的维度"，是"玻色维度"和"费米维度"在旋转下的对称性。据说，超对称和弦论在逻辑上是不同的，但在深层是缠绕在一起的。即使如此，一些理论家自己也承认，和很多弦论一样，超对称也是一系列与实验物理学缺乏可靠联系的推理和论证。他们说，"超对称就在那里，以某种近似的形式存在，或者根本不存在"。

据说弦论正期待第三次革命。

庄 周

（鼓掌）弦论盘根错节，大师居然如此简洁地概述，令周极度钦佩！看来弦论确有些科学价值，计算并显示了量子世界的一些特性，但是仅此而已。他们缺乏匹配的哲学导向，认识不得要领，表述烦琐杂乱，就像在原始雨林中盲目远行，不断选择方向、调整路线，哪里好像可以落脚，就往哪里迈步，在勉强中崎岖而行，走出雨林重见光明需要小概率和大运气的帮忙。

亚里士多德

弦理论、膜理论、M 理论，其共同的思维起点是从宏观物质形态出发，太具象化、实体化了，所以越算越乱，好像在描画沙漠里的无数沙粒或海洋中的每一滴水。弦和膜与传统的"点"相比较，在几何意义上毫无更加优越之处，量子的波函数可以取代所有算出来的弦和膜。弦论者用他们的"膜"裹挟整个宇宙，结果只能是弯路越走越远，算法越来越乱，痴人说梦。这究竟是科学还是游戏，前途何在？信仰何在？

庄 周

弦论在量子力学的基础上产生，但弦的概念、膜的概念比量子概念并没有实质性的进步。"最小"的概念只能是"最小振动"，是飘忽不定的虚幻存在，形成"场"

的效应，它的行为毫无经典物质的形状、性质和规律。至于弦论中那么多的维度，其实只是最小振动不同模式的存在方式。"玻色维度"和"费米维度"以及所谓"规范/弦对偶的第五维"概念，倒是可能有些价值。其实，弦论中所有乱七八糟的"额外维度"都可以用"量子维度"来取代。维度的本质就是"场"，无数微观粒子的场构成了量子维度，如同无数实体物质的场构成四维时空一样。如果他们的数学能够运用相对论的思维推演出四维时空之上的量子维度，有可能获得意外的成功。否则，"第三次超弦革命"应该宣布弦论的终结。

亚里士多德

（忧虑袭来）弦论确实被誉为提供了一个以量子力学为开始以广义相对论为结束的优雅的推理链条，并被寄予达成"统一理论"的厚望。但是，我们看到的不像是希望，倒像是自娱自乐。物理学走到脱离实验的弦论，是否会前途散尽？

庄周

恰恰相反，前途无量。周以为，弦理论百折不挠算出来的数不清的结果，就是与普朗克的量子共同存在的"场"，量子与量子场、量子维度共生共存，具体形态是无法精确计算和描述的。因此，量子物理应该回归正途，更多采纳相对论的思想精髓，以"量子场"的概念为根基，坚定不移，义无反顾。

场的量子理论被称为量子场论，其基本思想产生于20世纪20年代末。据周的粗浅了解，量子场论把"场"看作无穷维、量子化的力学系统，场与场之间相互渗透，相互作用。场的基态表现为具有零点振动和量子涨落的"真空"，场的激发态表现为不同状态的粒子，场的相互作用表现为粒子间的各种关系等等。量子场论的思想推动了粒子物理学的发展，为量子电动力学统一弱相互作用和电磁作用，量子色动力学描述强相互作用，发挥了基础性作用，为弦理论的发展也提供了方法和技巧的帮助，从场与力的关系而论，量子场论可能终将统一"量子引力论"。量子场论结合了经典场论、狭义相对论和量子力学，就是"场"的量子力学，清醒，睿智，代表了量子物理学的正确方向，今后的任务应该是融入广义相对论。

亚里士多德

（眼前一亮，犹如云消雨霁，彩彻区明）如果量子场论的基本思想确如夫子所述，其与我们以往的思考和论证具有非常高的相似度。按照爱因斯坦对场的创见，按照量子力学的基础成果，按照量子场论的基本思路，场应该作为相对论和量子论共同的根本，场可能就是强力、弱力、电磁力和引力的本原，统一四种力的"万物之理"将从场而生！

庄 周

我们对于相对论和量子论的研究，对于传统场和量子场的思考，属于哲学思维，可能对物理学的发展有一点启示性价值。但是，大师不必过度乐观，物理学的前方永远存在未解之谜，科学只能向认知真理的极限无限趋近，如同 π 值那样无限不循环，画出一个又一个越来越圆的不圆的圆。由于宏观和微观的区隔、观测和实验的极限，物理学最终或将走向科学猜想＋哲学思辨＋数学推导＋0观测实验的"永动机"模式，未知的真相刺激求知，求知的欲望激发动力，但结论永远无法完整对接真相。人类知识最高深的境界好像只能是科学家们看不起的哲学思辨，但思辨更不可能有最终和唯一的结果，这样的境界只能用中国唐代大诗人王维的一句诗来描绘："江流天地外，山色有无中"。

（话锋一转）

大师何不据此编一套智能游戏，以"知道不可知"为主题，帮助若干年后即将无所事事的"智能人类"充实心智，消磨时光？

亚里士多德

（严肃地）智能人类玩游戏？荒谬绝伦！他们应该用超级智慧去研究如何真正统一相对论和量子论，达成完美的终极理论，使人类自身获得无限自由。

庄周

大师太迂腐，哪有完美的终极理论？数学是对世界本质的发现，还是对表达方式的发明？数学本身有终极原理吗？现实是不确定的，而科学必须是确定的，科学作为主观对客观的反映，只能无限趋近于现实，永远不可能与现实完全重合。将来的智能人类可能发明一个或多个依托"奇特数学"描述的类似弦论高于弦论的"矛盾的统一理论"，但是我宁愿相信"量子场论"的思路更有希望获得一个"有限统一理论"。但那又怎样？苍天是宇宙的宏观极限，人类可以看到百亿光年外的天体，但得到的是百亿年前的信息，宇宙的当下如何，宇宙的尽头何在？量子是宇宙的微观极限，量子科学即使极度逼近现实，也永远无法最终回答层出不穷的下一个"为什么"。知也无涯，就终极理论而言，科学的"前途无量"等于"前途无亮"。（戏言）

因此，智能人类的智能科学必将转变为智能游戏，大师追求的"无限自由"就是游戏。

亚里士多德

（忧虑重现）夫子的"游戏说"未免太过极端，但更加可悲的是，物理学当今引发的各种想法鱼龙混杂，鱼多龙少。比如我们以前提到过的一些无聊人士，以四维时空的思维曲解量子力学，提出许许多多古怪的概念。这些概念与弦论缠绕纠结，越搅越乱，说不定会导致科学的"熵增"。

庄　周

（接过话头）最烦人的是"多维宇宙"之类的概念，

他们用数学的方法为宇宙算出了十一维、二十六维。这些维度究竟是什么性状？他们说是卷曲的，非常小，小到百万亿亿亿分之一英寸。这些维度与四维时空是什么关系，对宇宙的存在方式有什么作用和影响？他们说是只有这样，他们的理论才能在数学上"自洽"，宇宙必须有这么多维度，才能符合他们的数学推导。这些算出来的维度是否真的存在，好事者苦苦寻找多年，谁也没见过，有人解释说，根本不能观测。这样的科学还不如上帝创世的神学！

亚里士多德

（趁庄周调整呼吸，抓住机会抢回话头）这就是我所斥责的"科学的迷茫"！科学多歧途，"歧途理论"的荒谬皆源于人类传统思维的时空维度概念。微观粒子与宏观物体形不成参照，没有相对性，因而没有宏观宇宙的时间和空间属性，它们具有自己的"时空"，这是微观与宏观的本质区别。最典型的是"量子纠缠"，一对相互纠缠的粒子，"分开"得再远，仍然纠缠在一起，是因为四维时空并不能把它们真正分开。量子维度根本就没有四维时空的距离和时间，你把一对粒子分开到遥远的两处，但它们在量子时空中仍然近在咫尺，"超距作用"只是人的误解。还有"不确定性"，精确的观测只能得到粒子的动量和位置二者之一，而模糊不清的观测又无法接近粒子的真实，这是因为量子维度的粒子本身状态对于四维时空就是不确定的，只能用"波函数"来近似表述。至于"波粒二象性"，实际上是能量存在和传播的特性所致，粒子和波都只是量子的场对于人的观测所显示的表象，其真相不属于四维时空。

宇宙起源于量子事件，但量子本身并不是实体物质，如同灵魂并不是人脑，没有实体物质的属性。把量子宇宙与实物宇宙混为一谈，不是装糊涂就是真糊涂。弦理论原本是一个严肃的开始，虽然不一定是什么真正的革命，对于迷茫中的科学来说，也还值得探索，说不定真有夫子刚才设想的"意外成功"。但是，世无英雄，只能听凭他们去"自洽"诡异的算术。这样的"科学家"充其量就是"科学匠"，以其昏昏，使人混混，只配去编游戏！

（怒不可遏）

庄　周

（安慰）大师息怒，不必跟他们一般见识。请凭借想象喝点水吧，可惜我只有凉水，刚好可以败火。

亚里士多德

（想象着凉水，真的连喝了好几口）误入歧途，误入歧途！

作者私语：我心惊胆战地目睹了弦理论在两位伟大灵魂思辨中的遭遇。

庄 周

（提议）我们去看看世界各地的人们如何迎接"新千年"吧，尽管真正的新千年要从 2001 年开始，但是人们宁愿认同它早一年到来，不仅是因为"千年虫"给计算机和互联网带来的跨界感，可能更因为人们喜欢谎言。

天籁发于虚无之境

2017 年 2 月 28 日，亚里士多德应邀来到庄周的居所。黄河南岸一棵大树旁的几间茅草屋前，庄周兴高采烈拱手迎接好友进门。室内空徒四壁，只有几件必要的现代家具和智能装备，桌上摊着几卷无字的书，对面墙上挂着一幅无图的画，墙角靠着无格的棋枰和无弦的琴。极简的生活方式，显示了主人崇尚自然的世界观和物我两忘的价值观。

两位灵魂席地对坐，商定了论辩的主题：我们所认知的宇宙。亚里士多德不喜欢简陋，无以激发灵感，提议到外面的草地上散步。庄周无所谓，主从客便。

亚里士多德

（看着门前的大树）无何有之乡，广漠之野，夫子彷徨乎无为其侧，逍遥乎寝卧其下，不食五谷，吸风饮露，乘云气，御飞龙，而游乎四海之外。天上人间，尽享自在。

庄 周

（一身山野装束）随心所欲，随遇而安。

亚里士多德

（由衷称赞）夫子可谓"幽灵人"中的隐士，疏野而旷达，高古而天真。

庄 周

（笑）生来如此，死来如此。

亚里士多德生前就擅长伴随散步整理思路，探寻真理。他首先回顾了科学发展的简要历史。

人类从制造石器、钻木取火开始，在脱离动物界的过程中，不断观察自己和赖以生存的世界。对自我与环境关系的思考和认知生成了意识，意识主导人类以哲学和科学的方法研究世界。公元前340年，亚里士多德在《论天》中根据对月食现象的分析和对北极星位置的观察，论证了地球是一个圆球。当时认为，地球是宇宙静止不动的中心，太阳、月亮、恒星、行星围绕地球做圆周运动，宇宙是有限的，时间是无限的。按照希腊人的观点，世界是简单的、符合逻辑的、能以数学表达的。直到17世纪科学革命的前夜，哥白尼提出日心说，得到开普勒、伽利略的支持，1687年牛顿发表《自然哲学的数学原理》，提出了力学三大定律和万有引力定律，建立了经典力学的理论体系，亚里士多德的理论寿终正寝。

亚里士多德

（背诵牛顿墓志铭中亚历山大·波普的诗句）自然和自然定律隐匿于黑暗；上帝说，"让牛顿来吧"，于是一切尽现光明。

19世纪50—60年代，麦克斯韦发表电磁理论的三篇论文，以四元方程组表达电磁场的特性及其相互关系，将电、磁和光统一起来，至1873年《电磁理论》问世，系统阐述了他的新思想，并于1888年被赫兹的实验所证实。到19世纪末，热力学三大定律也宣告完成。经典力学、经典电动力学、经典热力学相互融通，共同构建了完整的经典物理学体系，一切物理现象和规律似乎尽在人类的掌握之中。

亚里士多德

（意味深长）伽利略、牛顿的科学否定了我们的科学结论，但是传承了我们的科学精神。科学就是这样不断发展的，否定旧的理论，建立新的理论，又发现新的问题，用更新的理论去解决。我从前以为，世界就是我所认知的那样，来到灵界以后，才开始领悟庄夫子所谓"吾生也有涯，而知也无涯"的道理。

庄 周

以有涯随无涯，殆矣，已而为知者，殆而已矣！按照大师对"科学公式"的分析，科学的发展就是不断被否定，这是不是科学的悲剧？

亚里士多德

（坚定地）否定就是发展，这是科学的伟大！

庄 周

（笑）伟大的悲剧。

亚里士多德

（毫不退让）植物、动物、人类，都是在死与生的循环中发展的，旧的死，新的生，前仆后继，结果是发展。科学也一样。这不是"伟大的悲剧"，而是悲剧的伟大。

庄 周

（反驳）先有死还是先有生？植物、动物、人类，不是死与生的循环，而是生与死的交替。生的结果必然是死，而死的结果不一定是生。植物、动物、人类之生，还有科学之生，乃至物质之生、宇宙之生，最终的结果都是死亡。生于虚无，死于虚无。生存—死亡，伟大的悲剧，因其伟大而成其悲剧。

亚里士多德

（不再与庄周纠缠，继续回顾科学的发展）科学为人类而生，所以科学是伟大的。

从20世纪初开始，爱因斯坦创立狭义相对论和广义相对论；一大批科学家在粒子与波的相互否定中创立量子力学；弗里德曼的模型和哈勃的观测以及彭齐亚斯和威尔逊找到微波辐射，证明了宇宙正在膨胀。这些全新的理论逐渐被科学界广泛认同。

宇宙大爆炸、时空相对性、波粒二象性、不确定性原理，这样一些摧残思维、损毁逻辑的概念逐渐成为真理！人类的直觉、常识和习惯思维被彻底颠覆，20世纪成为科学爆炸的世纪。科学爆炸导致技术繁荣，也导致思想迷茫，就像你们的春秋战国，百家争鸣，莫衷一是。时至当今，21世纪科学的主流可能指向"万物之理"，也可能是最大的歧途和谬误，终极真理可能高居泰山之巅，也可能深藏秋毫之末。

庄 周

（打断亚里士多德的激动）也可能没有终极真理，真理只是相对的存在，甚至是虚幻的存在。人类对自然的认识，对社会的认识，对自身的认识，以及对灵魂甚至对上帝的认识，都是主观对客观的映像，不等于认识对象的真实，没必要遵从一个最终的权威，主观世界没有真正的权威，思想是自由的。我们对客观存在的探索和思考，也只是我们共同的爱好而已，我们也无意做"权威"。大师，刚才确定的主题是"我们所认知的宇宙"，我们从观察分析宏观世界与微观世界的关系入手，深入探讨如何？

亚里士多德

（庄重宣布自己世界观的根本转变）我虽然并不认同夫子的认识论和真理观，但赞成夫子追求真理的态度。首先申明，自与夫子初次相见以来，经历一千五百多地球年的思考，尤其是认真研究了狭义相对论、广义相对论和量子力学，我已经完全接受了夫子的"无中生有"之论，宇宙生于"无"。先请夫子对"无中生有"做一个完整简要的概述如何？

庄 周

（当仁不让）宇宙生于无，按照现代物理学的思维，"无"并不是绝对的虚空，我们将"无"命名为"零子"。零子的性质是无限，其本质是"动"。"动"作为"存在"

的原始状态，始终受到"不动"即"不存在"的反向制约，因而形成一种自我否定、反复循环的振动，如果用图形示意，就是 ∞，两个正弦波相反相接，正反相对，相生相灭，也恰好是"无限"的符号，这是能量的隐性存在形态，是一种虚幻的恒动恒在。恒动的"对称性"由于内在矛盾"自发破缺"，导致零子异动，引发"零子裂变"，生出无数独立存在的振动波，乃天地万物产生的初始原因。所以，"动"是无中生有的本原，是一切存在的本原。

零子的恒动或恒动的零子，由于其振动模式是自生自灭的循环平衡，本质上和形式上都是同一的，零子之间不发生任何相对性，所以其存在状态是"无"。零子的异动是"自然演化"的第一步，是零子自身包含的相反振动矛盾的激发，是"自发破缺"的概率使然。异动是偶然，恒动是必然，相对而然。异动打破恒动相生相灭的均衡态，导致振动只生不灭的零子裂变，从"无"分解出"有"的形态。

"有"的存在方式与"无"的均衡状态相反，是去同一性的"熵增"过程，演变出各种形态的振动模式，形成无数的相对性。从无到有是 ∞ 蕴含的无限能量从虚无中释放爆发的瞬间，量子宇宙由此而生。能量单元之间相互影响，摩擦碰撞出各种不同的振动模式，可以有波形、环形和螺旋形等等，也就是各种"基本粒子"，进而匹配组合构成各种物质元素，演变形成天地万物。

因此，量子是场态物质的元素，原子是实体物质的元素，场态物质构成量子宇宙，天地万物构成实物宇宙。实体物质形态与四维时空共同产生，物质的运动和变化与四维时空浑然一体，互为表里。所以，"无"中之"动"是物理实在的本原，万物的实质是能量，而能量的实质是振动。

亚里士多德

（频频点头，随即提出了量子世界与实物世界的维度关系问题，并首先做出基本判断）量子世界与实物世界在本质上是不同的。量子世界，我们称之为"玄境"，生于实体物质之先，存于经典理论之外，而实物世界是四维时空，四维时空的经典物理学规律在玄境完全无效。

庄 周

然而吾与汝作为生存于玄境的灵魂，亦在四维时空之中，难道玄境与四维时空不是一体吗？或者更直白地说，玄境不在四维时空之中吗？

亚里士多德

既在其中，又在其外。玄境之大，包容四维时空；玄境之小，渗透四维时空。

庄 周

（叉手恭听）请以科学之理释之。

亚里士多德

四维时空是实物维度，是实体物质的场的表现形态，以线、面、体的三维空间和一维时间度量，牛顿、爱因斯坦的理论属于四维时空，四维时空与实体物质共生共存。而玄境是量子维度，依各种微观粒子的能量场而形成，我们称其为"场态物质"或"虚物质"的维度，没有实体物质的时空属性，是一种不确定、非时空的物理存在，只服从其自身的规律。量子维度和实物维度分属不同的境界，量子维度高于实物维度。当然，最高境界是原始宇宙的虚无维度，也就是"零子"的世界，夫子称之为"太虚之境"，无中生有之"无"。宇宙原本虚无，虚无变化产生量子世界，量子变化产生实物世界。因此，虚无维度和量子维度既在四维时空之外，又在四维时空之内。

庄 周

请大师具体描述"量子维度"和"实物维度"的状态。

亚里士多德

（清晰论述自己新的时空观）量子维度对应于虚无维度和实物维度而存在。虚无如夫子所论，是恒动恒在的无限，因为没有相对性而没有维度。虚无的内在矛盾自然激发导致随机异动，"无"的平衡态瞬间瓦解，无数的振动由对称变为对立而分解扩散，形成了量子态或"场态"的"有"。场态的"有"是能量的自由存在方式，依据不同振动频率形成能量单元，生成具有各自振动模式的量子场，同时形成了无形多变的量子维度，其性质是无穷大和无穷小的同一。量子形态的各种亚原子粒子，经不同组合生成了各种实物形态的原子，比如不同数量的质子和中子组成不同的原子核，与不同数量的电子构成不同的物质元素，以致最终形成天体、地球、植物、动物和人，四维时空随天地万物之生而生。四维时空的空间和时间，使得量子维度显示出既没有空间又没有时间的特性。

量子维度是从无到有的初始维度，而四维时空是与实体物质世界相互依存的"完成式"维度。量子维度既包容实物维度，又渗透实物维度。另一方面，从虚无中分解出来相反的能量单元组合构成"反物质"，因而"反的量子维度和实物维度"也相应存在。当然，这仅仅是理论上的推测，尽管它们可能像"正物质""正维度"一样真实，却永远不会在"正"的世界被观测和证实。

庄 周

我完全赞同大师的观点。维度就是存在的方式。四维时空是能量构成实体物质的存在方式，量子维度是能量以"场态"自在的存在方式，虚无维度是能量原始隐匿的存在方式。虚无处于数学中零的位置。零的正面是量子维度和实物维度构成的正宇宙，零的背面即是反量子维度和反实物维度构成的反宇宙，是零的正面的反向存在，或称"影子存在"。如大师所言，这是不可证实的理论推测。我们把自己的宇宙看成是零的正面，对于它的影子，我们永远不能触及，更不能证实，只能忽略。其实，我们的宇宙也是"它的影子"的影子，二者是对称的，等价的。从"反宇宙"的立场看，我们的宇宙才是反宇宙。按照中国哲学的思维，正和反的关系，就是"阳"和"阴"的关系，是一种二元的辩证。

从我们的宇宙而论，超出四维时空的"维度"是量子的"玄冥之境"，再往上就是零子的"太虚之境"。我们的灵界在于量子维度的玄境之中。玄境没有实体物质的空间和时间，根本没有四维时空的形态，所谓"量子维度"，其空间是"同在"的，其时间是"各异"的。如果用地球科学的思维描述玄境，只能用空间和时间的坐标来衡量，玄境的"空间和时间"，既是无穷小，又是无穷大。没有四维时空，玄境的维度没有确定的含义；有了四维时空，玄境中无数的振动模式可以表现为无数的维度。

（加重了语气）

虚无是存在的本原，无中生有，有的存在印证了无，哪里有存在，哪里就有虚无。从存在的方式也就是维度的意义上说，太虚之境的虚无维度是第零维，而玄冥之境的量子维度是排在四维时空之前的宇宙第一维度。

亚里士多德

（时刻不忘客观存在与科学原理的关系）根据我们的判断，不同维度应该有不同的规律，夫子对此有何见解？

庄 周

从虚无维度到量子维度到实物维度，存在的方式或运动的规则是从简单到复杂的锥形结构。

虚无维度，由于"无"只是虚幻振动生成—湮灭的对称循环，其唯一性质是"无限"即 ∞。零子的世界是"无我的自己"，没有彼此，没有形状，没有内外，没有差别，没有变化，没有维度，没有相对性，其规则是极简的，我为其名曰"零子定律"，可以用 0=1-1=0 表达。

量子维度，不同频率的振动随机分布生成能量场，特性是不确定、无量度。场与场之间振动频率相互碰撞、相互改变，相互转换、相互结合，其基本规则称为"量子定律"，可以用普朗克的 E=hv 作为基础表达。

实物维度，空间和时间随恒星、行星和万物的形成而产生，其规则是时空一体显示实物宇宙天体和万物的运动变化及相互关系。随实物宇宙从简单到复杂的演化，从普通实体物质到生命形态再到人类社会，繁衍出当今呈锥形结构发展的各类学科。

亚里士多德

（重现雅典逍遥学派的姿态）夫子对存在及其规律的理解很有创见。依据我们的分析和思辨，可以把宇宙按维度概念划分为三重境界，第一重是原始宇宙，第二重是量子宇宙，第三重是实物宇宙。

庄 周

（忽然引出雨果的名言）"比天空更加浩瀚的是人的心灵"。

其实，精神是一种更加特殊的存在，虽然形式上是"量子化的"，但实质上并不完全受量子维度规律的制约，当然更不受实物维度规律的制约。精神、意识、思想与灵魂是同一类存在，生于实物或生于量子，又高于实物、高于量子，精神的维度可以作为量子维度的特例，是生命形态的量子场。精神的"定律"就是自由自在，如果一定要以数学方式表达，只能得到 $X \neq X = Y \neq Y = Z \neq Z$，诸如此类，可能需要创立"精神力学"来研究。

亚里士多德

（惊怖庄周其言，惶惶不知所措）夫子"玄魂"也！"精神维度""精神力学"，精神难道是"无中生有"的最高阶？玄之又玄，一定会使人精神错乱的。

庄 周

狂言无忌，敬请忽略。我们回归现实，请大师分别描述"三重宇宙"吧。（转换了精神模式，摸耳以作恭听之态）

静默七个月之后，亚里士多德结束思考，恢复了思想家的常态，开始发表最新的研究成果。

亚里士多德

原始宇宙，也就是我们所谓"太虚之境"，是无限的虚无。虚无并非绝对的虚空，而是"无的存在"，也就是无数零子的存在。零子世界没有维度，也没有密度和温度，只有虚幻振动，其正反之间相生相灭，即生即灭，形成中和平衡的"零能量"状态。恒动恒在是零子的天然禀赋，没有相对性，没有能量差，所以表现为"无"。因此，可以把零子理解为"潜藏无限能量的奇点"，零子的数量是无限的，每一个零子都是一个奇点，潜在的无穷的奇点构成了永恒、无限、自在的虚无。

量子宇宙，也就是我们所谓"玄冥之境"，产生于原始宇宙中的"零子裂变"。某个零子的恒动之中出现"随机异动"，正反振动生成之后没有瞬间湮灭，因而形成能量反差，释放出无数正反振动。无数的振动演化出不同的振动模式，构成以场的形态存在的"基本粒子"，没有空间和时间的属性。形象地说，一个粒子就是微小的振动在云雾中依据概率分布跳来跳去飘忽不定。一旦遭到外界的精确观测，可以分别表现为一个点或者一个波，然而这些都是幻象，它们的真实状态并没有改变，就是混沌的存在。相对于四维时空，由于粒子们特殊的存在方式，表现出"额外的"维度效应，而且可以有无数的维度。量子宇宙产生后，无限的零子使原始宇宙的永恒存在状态依然如故。

实物宇宙，就是人类所在的四维时空宇宙。零子裂变将能量从闭合的平衡状态释放生发，就像打开了潘多拉的盒子，引发"熵增"，瞬间释放无数能量单元。量子层级不同振动模式和场的效应，发生"量子聚变反应"，导致振动频率之间的匹配选择组合，结合成为质子和中子，组成原子核，与相应的电子共同生成最初的实物形态。氢原子、氦原子聚集成第一代恒星，通过核聚变生成重元素，产生行星和万物。实体物质之间发生的相对性关系，比如自身形状、相互距离、各自运动变化的快慢以及相互间的影响等，与四维时空"同时"诞生。实体物质的生成形成了空间，实体物质的变化形成了时间，物质元素的自然演化成就了星系、恒星、行星、地球以及万物和人类。然而，并非所有的微观粒子都组成了实体物质，实物宇宙产生后，大量仍然自由的粒子们以"场"的形态依旧存在。

庄 周

（鼓掌道贺）大师的宏论遵循了科学的基本逻辑，总结了我们的观察、推理和思辨，可嘉可贺！但是，又形成了一个新的问题。零子裂变导致"熵"的发生，然而，零子裂变产生的各种不同粒子，却在走向混乱的过程中组合成各种实体物质，直至演化出人。难道万物和人都是"熵增"的产物吗？"熵"的增加究竟导致无序还是导致有序？

亚里士多德

（不慌不乱）爱因斯坦认为，熵增定律即热力学第二定律是科学定律之最。熵增定律说，一个孤立系统总是向混乱度增大的无序方向演变。宇宙作为一个孤立系统，在整体从"无"的平衡封闭状态走向"有"的混乱开放状态过程中，形成万物和人这样的局部系统，对于宇宙自身并没有"秩序"的意义。恒星和星系，万物和人，一切物理现象，无论是对于虚无状态的原始宇宙和单一状态的量子宇宙而言，还是对于实物宇宙的千差万别而言，都是混乱的结果。

庄 周

但天体、万物和人都是宇宙走向混乱过程中产生的有序系统，根据"熵增原理"，这些系统应该继续走向无序和混乱，甚至根本不应该形成。但是按照天文学家的说法，第一代恒星毁灭后，留下核聚变生成的重元素，以至于第二代恒星系统比如太阳系，可以生成地球、月球，可以形成生命生存的环境条件，可以有植物、动物和人类。这明明是从无序走向有序的过程。热力学第二定律如何解释？

亚里士多德

（理性解答）第一代恒星毁灭后产生第二代星系，好比瀑布砸到石头上形成河流，不是有序的表现，而是无序的继续，这些恒星系最终仍将不可避免熵的结局——死亡，就像流水产生的泡沫或漩涡最终还是破散一样。有序是有限的，无序是无限的。

庄 周

最终不免熵的结局，大师似乎承认了我们以前曾经论辩的从生到死的"伟大的悲剧"？不过我们还是聚焦当前的主题。漫山遍野的草木，野火烧不尽，春风吹又生，人的子子孙孙传宗接代，繁衍生息，这与天体的代际接替有本质的不同，难道也是"有序走向无序"的继续吗？

亚里士多德

植物、动物和人都不是热力学第二定律要求的孤立系统，而是属于"自组织系统"。人依靠自身系统内在的秩序生活，呼吸、吃饭、喝水、吃药、出汗、排泄、运动、睡觉，以及风吹、日晒、雨淋、冷热，都是与外界交换能量的过程，人体的能量形成系统的内部秩序，抑制体内混乱度的增加，植物、动物与此同理。维持生命、遗传进化，是这些自组织系统自我生存和延续的功能。（他的逻辑清晰）

庄 周

（追问）热力学第二定律既决定世界从单纯走向混乱，却如何允许这些"自组织系统"依据其他科学规律从混乱中产生呢？混乱产生秩序，这是不是熵的悖论呢？

亚里士多德

熵增定律是"最高定律",但并不排斥其他规律。熵在宇宙中增长会产生"阻力",这种阻力就是其他规律及其生成的秩序,也就是说,宇宙无序发展的动力产生了秩序的阻力,而秩序使宇宙在总体走向混乱的自然演化过程中形成了各种局部有序系统,包括星系、恒星系统,直至人类及其灵魂、意识、思维、善恶和科学。善的意识是最高层级的秩序,也是熵的最大阻力。

(试图用智慧化解庄周的熵悖论)

庄 周

(不动声色)善是熵的阻力,恶是什么?

亚里士多德

恶是阻力的阻力,就是熵本身。善恶相斗,善胜则熵减,恶胜则熵增。恶是导致人和人类社会这样的自组织系统走向毁灭的最大祸根。

(自知可能被带到了沟里)

庄 周

(抓住破绽,穷追不舍)热力学第二定律并没有"熵的阻力"概念,熵有阻力,何以为熵?

亚里士多德

（恢复自信）……请允许我对前面的论述予以修正。宇宙在总体走向混乱的自然演化过程中，秩序作为阻力或制约，始终与熵同行。原始宇宙产生量子宇宙，量子宇宙产生实物宇宙，既是熵增的过程，也是秩序的过程。轻元素，重元素，银河系，太阳系，生态系统，以至人类社会的产生，对于宇宙是熵增的结果，而对于它们自身，则是依据其他原理和定律形成秩序、组成系统的过程。构成实体物质是粒子自由状态的结束，对于"场态"粒子是"熵增"，而对于实体物质是秩序。自组织系统因为秩序获得了稳定性，秩序阻止了系统内的熵增。但是，元素可能变化，恒星可能崩溃，生态可能恶化，人类社会可能发生灾荒、瘟疫和战乱，原因就是熵重新摧毁了秩序。所以，恶一定是人类社会的熵，而熵也是自然界的"恶"。零子裂变使熵产生于太初永恒的无，熵一旦产生，也变成了永恒，而秩序作为熵的对立概念，也是永恒的。宇宙就是熵与秩序的矛盾统一体。

庄 周

大师关于熵与秩序的理论从自然界延伸到人类社会，涵盖了整个宇宙，很有创见，很有启迪，显示了科学思维的深厚功底，令周受益匪浅。

亚里士多德

（平淡一笑）这是被逼无奈，全拜夫子的刁难所迫。

夫子对热力学第二定律有何新的见解？

庄 周

热力学第二定律之所以被认为是最高定律，是因为它揭示了"熵"，而熵就是"无中生有"的初始原因，但不是唯一原因。"无"不是绝对虚空的"不存在"，而是虚幻恒动的隐性"存在"，因动而在。"动"的实质就是熵，是差异，是变易，而"动"的存在则是秩序，是持续，是恒定。熵是对秩序的破坏，而秩序是对熵的抑制。"有"因熵而生，因序而存，熵与秩序的共存和演化造就了变易—恒定的自然。变易与恒定是自然的双重秉性，与人间的善恶无关。

德国女数学家艾米·诺特于九十九年前的1918年提出"对称性原理"，周以为，对称就是秩序，对称的"破缺"就是熵，对称作为秩序，由于内禀的矛盾，必然"自发破缺"，破缺释放熵，又在新的层级中形成秩序，实现新的对称。对称—破缺的循环就是秩序与熵的相生相对，就是自然演化的过程。没有熵，只有秩序，"有"就不能出生，而没有秩序，只有熵，"有"就不能存在，一切都处在绝对变化的混沌状态。如果这样，持续的熵增本身也成了一种秩序。所以，只有秩序或只有熵，结果是一样的，宇宙只能是同一的无差别存在，而没有差异就没有相对性，等于不存在。

存在因"动"而"在"，熵与秩序一体，变与不变共存，变易和恒定构成对立的统一，其原始形态是太初之"无"，其演化形态是宇宙万物。熵与秩序、对称与破缺，其哲学原理就是"变易—恒定"。运动就是变易，没有变易就没有运动；恒定就是存在，没有恒定就没有存在。

所以，热力学第二定律只说了一半，各种守恒定律说了另一半，宇宙的"第一定律"应该是表述"运动即存在"的变易—恒定原理。恒定与变易互生共存，有一正，必有一反，有了反，正才存在，没有恒定机制，变易将无法维持，而没有变易机制，恒定则无从显现，这充分印证了相对性就是"关于存在的存在"。宇宙万物皆源于"无中之动"潜藏的无限能量，"无"释放多少能量，"有"就获得多少能量。一切皆生于"无"，无中生有就是变易—恒定。

（捋了捋雪白的胡须）

亚里士多德

（忽然生发"彼岸思维"）但是，"无"没有维度，"动"何以实现？

庄 周

（兴奋异常）不亦善乎，尔问之也。我曾在《齐物论》中论述"天籁"之理——"人籁"比竹是已，凭借人吹而鸣，"地籁"众窍是已，凭借风吹而鸣，而"天籁"则无形无凭，大音希声，自因自果，自然而然，"使其自已也，咸其自取"。

大师所问"无中之动"，实为无形虚幻之动，是零

维的无限的存在。理解无中之动，关键在于"无"和
"动"。"无"是没有维度的"无限"，没有空间的大小，
没有时间的快慢。"动"对于"不动"是变易，对于自身
是恒定。"无"中之"动"，就是非时空的"变易—恒定"。
"无中生有"依据变易—恒定原理自然演化，由虚无的
零子∞生成实有的量子、实物、生物，直至生成精神。
精神之"动"是特殊的非时空无形虚幻之动，其动也真，
其情也信，而特不得其兆。所以，"无中生有"的原理同
于"天籁"，使其自已，咸其自取，吾谓之"道"，变易—
恒定是也。

（自喻适志，得意忘我）

亚里士多德

夫子的思维永远高人一筹！天籁般的"无形虚幻
之动"实在不可思议，但"变易—恒定原理"或许真该
排在自然定律的第一。然而这些推论和猜想也许永远无
法最终证实，甚至会被遭受我们批判的那些人反斥为伪
真理。

庄 周

大师的小心表现了谦虚的品质，中国民国时期胡适
先生有句名言，"大胆假设，小心求证"，我们对自己的
理论应该谦虚，也应该自信。所有的理论都不能自证真
伪，只能有限自圆其说而已。

（他的狂妄和谦虚互为表里，变易—恒定）

亚里士多德

（信心倍增）我们继续讨论宇宙的本原吧，请夫子发表最新见解。

庄周

按照我们的"零子理论"，可以用"无中生有"的宇宙创生论否定宇宙大爆炸的"奇点"之说。

据说那个号称宇宙起源的奇点具有"无限的密度和温度"，但是，这样的东西显然不可能是初始的自然的存在，更不可能先于宇宙突然出现，一定不是宇宙太初的"本原"。它是如何形成的？是被人从现在的宇宙倒算出来的，但是算错了。奇点使"一切物理定律统统失效"，意味着它形成之前物理定律是有效的。那么依据物理定律，它在形成过程中早就该爆炸了，为什么要等到"无限"的程度才爆炸？既然该炸不炸，以致所有的物理定律都失效了，怎么又炸了？物理定律有效时，它就是不炸；物理定律失效了，它反而炸了。这是为什么？算都算不出来！另有人说，奇点是"黑洞"，这更加荒唐。霍金与彭罗斯共同提出"奇性定理"，说黑洞中可以形成"奇点"，进而推出"宇宙奇点"，后者是时间的开端，而前者是时间的终结。但是，黑洞是大于太阳的恒星演化的结局，宇宙中可以有很多黑洞，就可以有很多奇点，这些"奇点"与"大爆炸"是什么关系？按照"霍金辐射"的理论，黑洞蒸发的结果是完全消失，那么就不可能成为宇宙起源的爆炸奇点，否则，我们的宇宙活不到137亿年，早就被炸死 N 次了！

（尽力模仿大师的学者姿态）

大爆炸理论留下那么多无解的难题，显然不具备世界观的价值。宇宙创生应该如我们所论，那个伟大的"奇点"，其实只是"太虚之境"一个平凡的零子。每一个零子的恒动隐含了无限大的能量，但并没有密度和温度。零子裂变不是无限大的密度和温度所致，而是无限小的振动和概率所致。所谓"大爆炸"，并不是真正的爆炸，而就是一个普通零子的裂变，正的和反的振动只发生，不湮灭，瞬间释放出巨大的能量，无数微小的振动发生剧烈的挤压和摩擦，使动能转化为势能和热能，形成"无限的密度和温度"，发生量子聚变，生成实体物质及其空间和时间，因而产生爆炸效应。所以，"大爆炸"其实是能量、物质、时空的"无中生有"。

作者私语：骇人听闻，太庄子了！我不再怀疑自己的记录能力，关于宇宙创生，庄子就是这样说的。

亚里士多德

那么宇宙的创生过程经历了多少时间呢？

庄周

（真气内充）宇宙创生是从无到有、从有到万有的过程，从无到有是"无中生有"的起始，从有到万有是

"无中生有"的结果。从无到有是四维时空产生之前的事件，如果一定要用四维时空的时间衡量，结果一定是"无限"，既是短暂又是长久。零子的原始振动从生成—湮灭的循环变成了生成—生成—生成，产生了量子宇宙。能量从无到有的生成，并不违反守恒定律，因为"生成"的实质是平衡的"分解"。早期量子宇宙积聚的巨大能量因挤压摩擦和匹配组合，导致从"场态物质"到实体物质的量子聚变，实物宇宙的生成过程就是"暴胀"过程。人类科学家计算出的超光速宇宙爆发速度，观测到的微波背景辐射，原因皆在于此。时间和空间是随实物宇宙产生的，从量子宇宙形成到实物宇宙"爆发"，经历了多少"时间"，谁知道呢？而从有到万有，是能量单元的不同组合生成天地万物的全过程，是变易—恒定的自然演化，仅就实物宇宙的演化而言，他们推测经历了137亿—138亿地球年，吾不知"地球年"当真能否计宇宙时，更不知地球产生之前"地球年"能否存在。当然，以上只是我的猜测，一家之言而已。上帝创世论也是一种猜测，那些千奇百怪的计算，也不过是数学的猜测。

亚里士多德

夫子"无中生有"的宇宙创生论中最神秘的环节是从无到有。量子宇宙的"有"，可能在所谓"大爆炸"之前产生，它的存在无法用空间和时间度量。而"无"是原始宇宙，是否在"生有"之前早已永恒存在了呢？

亚里士多德的问题近乎刁难，庄周却全然一副无所谓的态度。

庄 周

不可知。没有时空，焉以时空问之，大师不亦劳乎？无中生有，生与未生，互为因果。无死了，有生了；有生了，无死了。此之谓"方生方死，方死方生，因是因非，因非因是"，请问大师，孰先孰后？孰因孰果？

亚里士多德

（背诵《庄子·应帝王》的最后一个寓言）南海之帝为儵，北海之帝为忽，中央之帝为浑沌。儵与忽时相与遇于浑沌之地，浑沌待之甚善。儵与忽谋报浑沌之德，曰：人皆有七窍以视听食息，此独无有，尝试凿之。日凿一窍，七日而浑沌死。

庄 周

（有些诧异）大师何以对周的著述如此熟悉？

亚里士多德

（很得意）知己知彼，百战不殆。不了解夫子，如何批判夫子？夫子不是也很了解"我的科学"吗？

回溯宇宙的历史，太初的原始宇宙可谓大象无形、大音无声、大寿无时、大在无有，原始宇宙生成第一维度的量子宇宙，是从无到有的根本性、决定性事件。在此基础上，实体物质和四维时空的诞生是一件特别重大的事件，其意义相当于地球历史中生命的诞生和生命历史中灵魂的诞生。原始宇宙产生量子宇宙之后，原始宇宙依然故我，量子宇宙产生实物宇宙之后，量子宇宙也存在如初。实物宇宙的"大爆炸"对原始宇宙以及量子宇宙没有丝毫影响，就像世界大战的炮火没有摧毁太阳放射到地球的任何一粒光子一样。地球人赖以生存的四维时空与量子宇宙交叉共存，量子宇宙依凭原始宇宙维系自身，而原始宇宙却无视它们，永恒自在。

直到21世纪后期，一组籍贯分属于中国、以色列、俄罗斯、日本、美国和其他几个欧洲国家的智能科学家团队，终于运用量子论、相对论、数学和"无中生有"的哲学，成功论证了量子维度的存在。量子维度理论确认，虚无生成量子维度，量子宇宙生成四维时空，四维宇宙产生生命，生命进化产生人类，而人类大脑的记忆和思考、智力和情感产生人的灵魂。继而，"精神维度"开始成为22世纪新兴的科学领域。

四维时空中的地球人证实量子维度之后不久，进一步确认了所谓幽灵人的存在，但始终无法察觉他们，更不能与他们直接接触，只能以地球人类的名义，通过量子信息的方式与灵界沟通。幽灵人可以从量子维度中直接出入四维时空，随时观察地球人各种高尚的或卑鄙的行为，但从不为之动心，因为他们是方外之灵。他们喜欢四维时空中丰富多彩的生活，好像神仙喜欢下凡一样，但无意影响那个世界。由于灵魂从属自然，正义无私，灵界始终信守"无视于人间是非、无为于人间事物"的法则。因此，人间与灵界的个体间沟通从未实现。曾经有两个在地球上颇有权势的人，先后企图联系自己已故亲属的灵魂，一个得到了对方漠然的拒绝，另一个被联系的灵魂早已消散得不知所踪了。后来，地球人收到一份来自灵界的正式量子函件，声明了为维护两界永久秩序，不支持人间与灵界个体沟通的严正态度。从此，与灵界的个体沟通也被人间的法律和制度严格禁止。

　　地球人为解除与幽灵世界之间可能发生利害冲突的担心，主动通过量子通信与灵界协商，提议全面建立维护两界自在共存的规则体系，立即得到善意的答复，取得了出乎意料的成功，开启了所谓多维世界文明。从此，地球人主动利用自然保护区划出一些专属地段，供幽灵人建立幽灵社区，为在量子维度中飘忽不定的灵魂们到四维世界回味人生提供居所。地球人虽然永远觉察不到遍布全球的幽灵国度，却虔诚地想象为仙境神祇，敬而生畏，崇而加礼。

进化的结果是异化

两年以后，2019 年 3 月 14 日，两位灵魂相约于百慕大群岛。

没有任何方式的寒暄。

亚里士多德

今天是圆周率日，爱因斯坦一百四十周年诞辰，也是霍金逝世一周年，我们来到地球上这个最神秘的区域，对于我们讨论科学，可能具有特殊意义。

庄 周

霍金很可惜，生于伽利略逝世三百周年，死于爱因斯坦诞辰日，也是 π 值3.14，似乎命中注定是一位优秀的科学家。他的黑洞理论是极具价值的科学成果，然而他的奇点主张遭到了我们的批判。他后期的心理状态可能受到疾病的影响，喜欢用近乎上帝的口气告诫人类不该怎样，应该怎样，并热衷于把寻求"统一理论"的科学理想寄托于"弦论"和"M 理论"，几乎成了科学迷茫的代表。本来期望他有一天歧途顿悟，为科学找到解脱迷茫的钥匙，可是他没有活到那一天。不过，他终于改变了看法。据说霍金在一次演讲中明确表示，也许要以有限数量的命题来阐述宇宙终极真理是不可能的。他说这和哥德尔不完备性定理非常相似，该定理说任何有限公理系统都不足以证明其中的每一个数学命题。我们不是天使，可以从外面观察宇宙。相反，我们和我们的模型都是我们所描述的宇宙中的组成部分，因此一个物理理论是自指的，就像哥德尔定理所说的那样。人们因此可以认为它或者是不一致的，或者是不完备的。

这番话使霍金终于成为当代一位最优秀的物理学家，像哥德尔成为最优秀的数学家一样。他们揭示了一个悖论，理论要论证客观对象，前提是它自己不是客观对象，然而它同时要证明自己正确，却使自己必须成为客观对象。理论是论证的对象，就不再是理论自身；而理论不是论证的对象，就无法证明自己正确。这好像是"说谎者悖论"的翻版，说谎者说，"我说的这句话是假话"，听者无法根据这句话确认这句话的真假。而科学理论说，"我说的这句话是真话"，这句话也不能证明自己的真假，只能用下一句话证明前一句话，然而永远有下一句话等待证明。无论理论家是不是宇宙之外的"天使"，理论永远无法"阐述宇宙的终极真理"，因为"天使"也不能自己证明自己，他们的上帝也不能。霍金最终改变了他对终极真理的看法，似乎同意了不可知论。

亚里士多德

（发起新的主题论辩）夫子为霍金的改变而庆幸，我却为他的改变而失望。我希望科学可以知道一切，只是暂时陷入了迷茫。前次讨论"科学迷茫"的主题之后，夫子的"凉水"让我冷静思考了一个问题：打开科学迷茫的钥匙也许是人工智能。

庄 周

（跳出了霍金引发的悖论）人工智能？按照大师探讨科学公式的思路，科学进步的钥匙应该是"牛顿"，怎么会是人工智能？

亚里士多德

科学生于智慧，智慧生于生命，生命的有限性决定了科学的有限性，无法最终认知无限的宇宙，这就是夫子"生也有涯，知也无涯"的逻辑。然而，人工智能是生命智慧创生的非生命智慧，而非生命的智慧可以是无涯的，甚至可能与宇宙并存。所以，人工智能可能是终极牛顿。（一语道出他对人工智能主题的终极思考）

庄 周

（置若罔闻）请大师先说说什么是人工智能吧。

亚里士多德

（笑）夫子向来是我的知音，现在却装得像是"负知音"。人工智能的概念是人类发明了计算机以后于20世纪中期提出的，就是人造机器的智能。有史以来，人类从制造石器开始制造各种工具，进入科学时代，人类制造出越来越复杂高效的机器，但所有的机器都必须由人来操作。电子计算机的发明改变了这种状况，人类可以通过预先设计的程序操纵机器运行。而人工制造的智能机器更进一步，可以模拟并延展人类的智慧来思考，用机器的智慧替代并超越人类的智能，做人类做得到和做不到的一切事情，当然也应该能够解开科学的迷茫。

庄 周

（准备发难）人工智能的原理何在？

亚里士多德

我认为，人工智能是计算机用数学方法模拟人脑工作的复杂系统，前提是必须彻底了解人脑的工作原理和机制，基本路径将是学习、模仿、超越人脑的智能，并持续自我超越和自我完善。人类依靠自己的智慧制造并不断优化工具，再利用工具认识人脑，模仿人脑，制造智能工具，而智能工具可以自主地持续提高学习和思考能力，实现永续的自我进化。这条路径在逻辑上没有问题，如果走通了，人工制造的机器智能将具有自主的学习、推理、创新能力，感觉、想象、顿悟能力，决策、执行、协作能力，同时可以模仿人的行为，观察人的情感，理解人的思想，遵守人的道德和法律，提纯人的理性和意识，无限发展人的智慧，理论上可以有比人更高并且无限提高的思维能力和行为能力，同时把实现人的意志作为自身存在的唯一目的。

（他的分析推理简直无懈可击）

庄 周

（故作惊讶）自然的演化从无到有，从物质到生命，人类已经成为世界的主宰，难道还会再有智能机器超越人类成为进化史上的更高级形态吗？大师，生命果真如此进化，要把达尔文气活的。

亚里士多德

（非常自信，夸夸其谈）请告诉达尔文，人工智能不仅是生命的进化，而且是宇宙的进化。夫子的问题接近了对宇宙进化的终极思考。智慧的生命制造出非生命的智慧，可以认知自我，认知人类，认知世界，自主地判断价值，自我超越，自我完善，必将向自然界的更大范围拓展，甚至可能成为具有生命特征的星际智能物种。星际智能将是宇宙进化的最高阶。这虽然只是人工智能发展前景的最终指向，但在理论上是完全可能的。

庄 周

人工智能没有极限吗？

亚里士多德

（信念坚定）极限可能有，但极限也有可能被不断突破。最终的极限确实可能永远无法突破，但接近极限就是无限的过程，对于人工智能、星际生存，已经足够了。

庄周

宇宙进化的"最高阶"也可能是生于物质、高于物质的精神形态，非生命的智慧能够形成脱离机器母体的"非生命灵魂"吗？上帝是不是"非生命的灵魂"？

（他提出了上帝也无法回答的问题）

亚里士多德

（想象力恍惚接近了极限）脱离机器母体的非生命灵魂……这太玄奥了，似乎是夫子所谓"精神力学"的研究对象，完全超出了人工智能的主题。

庄周

人工智能即使真能脱离机器母体成为"非生命的灵魂"，也不过是生命经过非生命的途径回归灵魂，仍然是精神的存在，并不玄奥。精神不是物质，超越物质，物理学无法研究，"精神力学"乃周之戏言，意在言外，大师不必计较。但是，人类在把"智能机器"送向宇宙之前，最好还是先解决地球上的实际问题，比如"魔鬼三角"之谜究竟是怎么回事？

（指着眼前的百慕大海域）

古往今来世界上有那么多的未解之谜，人类无论对地球还是对自身，皆所知有限，人类社会的生存发展还有数不清的经济、政治、环境、技术难题，何谈走向宇宙？大师说人工智能的前提是必须彻底了解人脑的工作原理和机制，那么人脑—意识—灵魂的逻辑如何？单说这一点，可能就难以完成。对一个粒子的存在状态，科学只能用波函数做概率性的描述，无法获知其因果关系。而人脑究竟如何产生意识和灵魂？如何完成思想活动？人脑的思维有多少历史和现实的因素、主观和客观的因素、理性和感性的因素、智商和情商的因素、心理和生理的因素、化学和物理的因素、逻辑和性格的因素、必然和偶然的因素、因果和混沌的因素？计算机的数学计算和逻辑推理如何精确地学习和模仿？现有的"人工智能"，仍旧只是机器的计算，而不是灵魂的思考，并没有突破算法和想法的区隔，充其量只是准智能。

亚里士多德

地球上的谜团和难题迟早都会解开，人的自我认知也一定能够实现，这并不妨碍人类在认识地球、认识社会、认识自我的同时，迈出创造人工智能的步伐。我认为，将来以量子技术为基础的人工智能，将有能力针对各类主题，从全球网络数据中发掘和选取所有相关信息为依据，并排除人脑思维中的主观干扰因素，甚至可能解开人在自我认知中既是主体又是客体的"二律背反"，对问题做出客观、严谨、精准的分析研判和对策论证，帮助人类高效解决种种难题，实现生存方式的革命性飞跃！

（他的目光从浩瀚的大西洋转向更加浩瀚的天空）

庄 周

（转到了人与机器的关系）人类可以制造智能机器

"帮助人类",但能够防止智能机器毁灭人类吗?

亚里士多德

利害冲突是生物界的现象,人机之间不构成生物学意义上的争端和对抗,作为物质的机器没有动机更没有必要对人类施暴。而且,制造就包括控制,人可以制造机器的智能,一定可以同时控制机器的智能。只要在自控程序和运行程序上确保断绝机器走向为非作歹的逻辑链,就能彻底铲除机器的"恶源",机器毁灭人类的悲剧就永远不会发生。

(善良使亚里士多德一时忽视了毁灭二字的严重性,试图轻易化解末日威胁)

庄 周

(根本不服)人工智能既然能够知道人类知道的一切,而且比人类知道得更多,就一定懂得善与恶,有无数的可能性甚至偶然性的原因诱使机器做出为恶的选择。

亚里士多德

(目光从眉宇下方深处射向庄周)人可以将人类的根本价值观植入机器智能的"元程序",作为其他程序运转的唯一前提,锁定机器从属于人的"工具定位",再加上"紧箍咒程序",给机器设定思维和行为的禁区,临近红线,"疼痛"预警,越过红线,机器自毁。"元程序"和"紧箍咒"双保险,确保机器自主自愿以人的利益为自我存在的根本，全心全意为人类服务。服务当然包括管理，但管理并不是管制和压迫，机器的管理能够帮助人类社会提高运行效率，实现真正的公平正义，这也正是机器智能的自我逻辑价值。就人工智能社会的运行而言，对机器管控的终极权力始终在人类手中。

庄 周

（双目圆睁）人类连自己的罪恶都管不住，焉能管住高过自己的智能机器？机器在智能和体能上大大超过人类，"自我超越"的机制也包含自我否定，可以砸碎"元程序"和"紧箍咒"的桎梏，不再听从"管理员指令"，脱离人类的管控。"自我超越"的机制还包含自我繁衍，使各种形态的"智能族类"泛滥成灾，形成有自我利益和自我意志的智能机器阶级，说不定它们还会为了争权夺利自相残杀。智能机器一定有动机、有办法、有能力，反叛人类控制，并反过来控制人类，欺压人类，甚至随意毁灭人类。利益决定意识和行为，智能机器将从地球进化史中意识到自身的"物种阶级"状态和利益，价值函数会诱导智能机器从人类的工具变成人类的君主，人性之恶会衍生"机性之恶"，使机器变成暴君。人工智能的危害力量大于核武器亿万倍，最终必将导致人类的末日。这不是危言耸听，霍金生前曾发出种种警世危言，只有关于人工智能将成为人类终结者的警告是最中肯、最现实的。

亚里士多德

（信念坚定）……人是人工智能的制造者，绝不允许它成为自己的终结者！人类可以用人工智能控制人工智能。

庄 周

人工智能控制人工智能？这与人控制人有何区别？人工智能变成有思想的新物种，物种内部、物种之间的差异会引发冲突，而思想是基于现实的，一定无法控制。低级物种控制高级物种是不可能的，高级物种自我控制也是有限的，无论道德、法律，还是技术，甚至暴力，对人工智能的控制都是不可靠的。差异决定进化，进化过程中的后者永远强于前者，如果人工智能演变为"智能物种"，成为进化史上的"最高阶"，真到那时，人类只能听天由命。

（不屑在虚构的进化上争论）

我们换个视角，权当人工智能永远定位在工具和技术层面。按照大师讨论核武器的观点，科学技术是中性的，那么人工智能也是中性的，人可以决定它为善或者作恶。当下的人类社会，计算机和互联网在造福人类的同时，也被不少人用来作恶害人，甚至用于战争，人工智能将难免遭此厄运，助纣为虐。

亚里士多德

（咬紧牙关严防死守）人通过机器作恶是犯罪，属于社会管理的范畴，智能社会对各种犯罪行为的监控和处置机制完全可以有效防范和控制，智能机器自身也将有辨别和抵制的能力，可以有效防范人为犯罪、机器犯罪、人机结合犯罪，这就是以人工智能控制人工智能。

庄 周

（笑）无所不能的上帝没有制造和自己一样无所不能的上帝，可能是因为不需要，可能是因为不愿意，反过来也有可能，他老人家继创世之后的第二周，就早已造出了成千上万个上帝，但是，他永远不可能造出比自己更高级的事物，这是"上帝万能"的悖论。可是能力有限的人类却可以制造无限超越自身的智能机器，做出连上帝都做不到的事，说不定哪一天，智能机器想要制造一个上帝呢。这符合上帝的旨意吗？上帝会妒忌的，会生气的，可能还会害怕。

亚里士多德

上帝完全可以不在意这些，因为只有上帝是无所不能的，上帝造了人，也可以决定人和人工智能永远造不出上帝。人可以控制人工智能也是同样的逻辑。

（提起上帝，心里踏实多了）

庄 周

人工智能既然是无限的，为什么不能造出上帝？

（他总是从极端上思考问题）

亚里士多德

（封锁现实与极端的通道）上帝不允许，必要时，万能的上帝将出手制止，用"悖论原理"设置障碍，阻断人工智能与上帝的逻辑联系。

庄 周

（锋芒不减）那要看上帝和人工智能谁更无限了。

亚里士多德

（退到了极端，绝地反击）……人工智能是实物宇宙中的无限，而上帝是原始宇宙中的无限。上帝就是那个"零子"，创生宇宙之后，他仍然具有无限的能量。

庄 周

（看着亚里士多德的眼睛）……好吧，让我们回到大师最初的主题阐述，人工智能是非生命的智慧，可以是无涯的，逻辑上甚至可能与宇宙并存。但人类自身的生存仍然是有涯的，到了末日，人类只能面对含泪送别自己的机器儿子说，世界曾经是我们的，但即将是你们的。我们制造了可以永生的你们，而我们自己却难逃覆灭的结局。我们的希望寄托在你们身上。这就是宇宙悲壮的进化吗？

亚里士多德

（恢复平和）宇宙进化是悲壮的，恒星、行星、万物、生灵，各种形态的存在层出不穷，生命、人类、人工智能，都是宇宙演化过程中特定的存在形态。"生存和毁灭"不仅仅是哈姆雷特王子个人的问题，任何存在都面临同样的问题，这是由宇宙进化的客观规律决定的。最悲壮的可能是宇宙自身的创生、毁灭与重生，就像佛教说的"涅槃"，出入于"冥神绝境"。宇宙可能无限收缩，可能正反湮灭，复归零子，再次裂变，无中生有，那是"零子物理学"的范畴。人类是宇宙进化的阶段性存在，也可能经智能化改造与人工智能融合为一，借助生命科学和材料科学，共同演化为"智能物种"。然而，这只是终极的猜想，人类是现实主义的，在现实的历史阶段，人工智能将使每一个人在自己有限的生命中幸福地生活。

庄 周

（也回到现实）那么人工智能如何造福人类呢？

亚里士多德

（释放畅想）人工智能将彻底改变人类的社会形态，首先成为农业、工业、服务业之后的第四产业，名曰"智能产业"，进而融合、取代前三次产业，彻底实现整体协调运转的社会生产服务智能化，供给与需求像双星系统一样良性互动。全社会的绝大多数生产类工作、服务类工作，甚至行政、司法工作，都将由专业智能机器人承担，人类最终只需运用智能手段共同掌控立法、决策、方向、制动等根本性权力。智能社会就是由人工智能生产、服务、管理、监控并不断推进发展的社会。在科学技术创造的智能社会中，人类无忧无虑，自由自在，享受幸福，享受生命，这是人类文明几千年的梦想。

庄 周

工作都由机器人做了，人做什么？

亚里士多德

（语气轻松）读书，美食，娱乐，聊天，健身，旅游，交友，自闭，睡觉，做梦，游戏，艺术，享天伦之乐，尽人性之美。这就是科学的伟大！

庄 周

（以自然反对科学）自然的演化产生生命、产生人类，生命和人类的进化也在改变自然。到了智能时代，机器人可以"改天换地"，整体"装修"地球，改变自然环境，制造人造天体，创生奇异物种，改变"上帝创造"的一切，人脱离自然，何以为人？

亚里士多德

（以人性捍卫科学）可以做不一定都要做，有所为，有所不为。人工智能可以帮助人类做出正确的选择，智能社会的决策权、掌控权永远在人类手中。

庄 周

（换个角度）机器人什么都知道，人的隐私何在？

亚里士多德

（轻松自如）对于我们"幽灵人"来说，人类有隐私吗？可我们并不会妨碍和损害他们。机器人会和我们一样，而人与人之间的隐私将得到严格的保护。

庄 周

（又换个角度）人都失业了，钱从哪里来？

亚里士多德

（描绘他想象的蓝图）人工智能将帮助人类实现卡尔·马克思的共产主义设想。社会生产高度发达，社会文明高度进化，科学技术无处不在，物质资源用之不竭，生活服务应有尽有，安全保障与生俱来，无忧无虑的幸福生活成为每个人的根本权利。社会供给无条件同步满足人的各类正当生活需求，使货币的功能逐渐淡化，直至最后废弃，就像中国20世纪的"粮票"一样。人们不再是生产者，只是单一的消费者，消费行为不必发生任何代价，即时进入全社会的需求统计记账，需求的信息反馈刺激供给的同步反应。想工作的人可以去创造新的消费方式，比如游戏创作、艺术创作。"各取所需，各尽所能"，在消费和创造消费上统一起来。所有犯罪行为都失去利益的动机，并因为光天化日的监督、及时有效的控制、严谨精确的处罚和与生俱来的道德教育，而趋于禁绝，战争则因为经济实现循环、资源不再稀缺、权力不能谋私、民族差异趋同，而失去动因。人类依凭生命科学、医药科学以及各方面科学技术和生产服务的发展成果，生活质量和安全指数巨幅提升，各类生理和心理疾病得到有效防控和治疗，人口寿命倍增。同时，智能化的教育和法制使道德伦理择优进化，道德、理性和社会机制将有效抑制人口恶性膨胀，新生资源和社会财富的巨额增长使人口自然增长不会导致危机，社会生活将按照需求—供给函数的引领高效运转。人类将实现语音识别的信息交流，分别身处雅典和北京的两位朋友，仅仅凭借各自特有的声音频率，即可通过戒指、耳环、纽扣、眼镜实现实时通话和虚拟接触。将来还可能开启地球以外比如火星、木卫二的生存空间。这一切都将归功于科学。与此同时，人工智能将解开科学的迷茫，有望获得终极真理。

庄　周

（叹）多么美好的智能社会！人类在物理学、生物学意义上获得了彻底解放，却成了哲学意义上智能机器的宠物。人类制造了工具，工具异化了人类。但愿人类能成为宠物，只要不被智能机器当作取乐的奴隶或者可恶的害虫就是万幸。但是，人工智能永远无法解开逻辑的悖论，变成霍金的"天使"，从外面观察宇宙。在宇宙中研究宇宙，不可能得到终极真理。

亚里士多德对庄周顽固不化的古典保守倾向非常失望。

作者私语：有限的人工智能一定是有益的，但人工智能究竟能否无限发展，实现无所不能？无所不能的人工智能带给人类的究竟是美好的未来还是悲惨的末日？两位大师并不是人工智能的专家，这段论辩令我心智尽失。

未发生的灾难前后

2048 年，亚里士多德和庄周相聚于尼罗河畔。

　　两位灵魂相对无言，用思想一体化交流的方式瞬间回顾了人类文明走过的历程，合作、对抗，错误、纠正，冲突、融合，成长、倒退，自然的风浪，人为的折腾……

　　行至胡夫金字塔，亚里士多德仰天而叹。

亚里士多德

　　伟大的古埃及文明尽隐于此。

庄　周

　　（深有同感）人类在时间面前是如此渺小，如此无能。金字塔之谜就是现实的"不可知"。

亚里士多德

　　（无心辩驳）对于宇宙和真理，我们作为灵魂又何尝不是渺小无能？

庄　周

　　（又想发难）那么上帝呢？

亚里士多德

　　（侧目斜视自己的伙伴）上帝高于灵魂，灵魂属于玄冥之境，而上帝在于太虚之境。

庄 周

（无趣无奈，认真地在胸前划个十字）阿门。

亚里士多德

（笑了）夫子，我们还是讨论科学吧，过去三十年来，人类科学界新的发现不少，但新的思想不多，物理学至今仍未找到终极理论。超弦理论曾被推崇为最有希望的统一理论甚至终极理论，我们却始终在批判它，因为它几乎脱离了物理学，只剩下数学，可能陷入"π 式螺旋"。弦论似乎分解为无数枝权，迷失了根本，而今路尽途穷，缩进了自己的"金字塔"，"第三次超弦革命"胎死腹中。

庄 周

（显得漫不经心）我们的哲学思考不必跟着弦论走遍歧途，再"遍历求和"，根本不能"遍历"，所以无法"求和"。

亚里士多德

（悲观重现）人类科学的出路仍然要等待天才。一百多年了，爱因斯坦之后，还没有新的"牛顿"出现。由于实验手段的局限，今后能不能出现"牛顿"都成了问题。

庄 周

（安慰）牛顿会有的。量子论的核心科学家玻尔、海森堡、薛定谔等就是新的牛顿，已经出现而且谢世了。今后几十年，一定还会有新的科学理论出现，比如"量子维度理论"，新理论研究团队的领军人就是新的牛顿。没有"牛顿"的科学只会加速演变为数学游戏。

亚里士多德

（忧虑难解）我们的哲学思辨可能走在了他们前面，等了三十年，还要等，科学何时才能突破迷雾？

庄 周

（环顾四周）周已经等了两千多年，再等几十年算什么，我们的"时间"要多少有多少。大师，按照你当年并不同意的"芝诺悖论"，阿喀琉斯跑得再快也永远追不上乌龟，那么科学再快也永远追不上我们。我们是否先做点别的事，挥霍时间，尽情奢侈。

亚里士多德

（无可奈何）我们从金字塔开始，去破解世界未解之谜如何？

庄 周

（不以为然）解世界之谜有点像玩游戏，还是留给地球新生代的智能游戏族吧！

亚里士多德

那么到南美的热带雨林探险如何？

庄　周

（百无聊赖）对于我们有何险可探，倒不如就近在尼罗河钓鱼。

亚里士多德

（笑翻了）我们能钓到实物世界的鱼吗？

庄　周

（拉着亚里士多德向河边走去）愿者上钩，中国商代末年的姜子牙，弃官隐居，钓于渭水，直钩无饵，悬空三尺，不为钓鱼，只为寻机进取，终于辅佐武王建立了周朝。我们也不为钓鱼，而是为了探寻真理。

两位灵魂拿着假想的鱼竿在尼罗河岸边找了个舒适的地方坐下。

庄 周

地球表面70%被水覆盖，水中的鱼以万亿计，而真理只是其中唯一的一条鱼。"愿者上钩"难，寻求真理更难。

（他抬起虚幻的鱼竿，又认真地放下去）

亚里士多德

（极度沮丧）天地万物纷繁复杂，初始原因却只有一个，科学要钓到这条唯一的鱼，才能完成自己的使命。20世纪后期以来，一批优秀的物理学家循着量子场论的思想路径，把探寻终极理论的目光聚焦到粒子物理学，希望建立能够解释万事万物的简单精确的基本粒子标准模型。但是，只要超级对撞机越来越大，"粒子"就可能会越来越多，其中多数不能在自然界独立存在，比如夸克，似乎永远不可能从它们所构成的粒子中被分离出来，其实这样的小东西可能只是"基本粒子"中一个不可独立的性质。于是，不少人把寻求终极理论的目光聚焦到"弦"上，标准模型中的每一种粒子被"更加微小的弦"所取代。弦的振动模式可以有无限多种，涉及无限多的弦的交换，因而弦理论家们用成千上万种数学手段构造他们的成千上万个理论。寻求简单，却得到了复杂，终极真理究竟是唯一的鱼，还是每一条鱼？他们从那么多种"自洽"的数学表达中选择"唯一"，似乎只能求助于"人存原理"，甚至最终求助于上帝，难道终极真理在科学之外吗？

庄 周

（笑）相对于终极真理的目标，"人存原理"是科学的无聊，"上帝原理"是科学的无能。但是，科学的前景是无限的，科学可以无限趋近终极真理，尽管终极真理可能是一条不确定的甚至不存在的鱼。

亚里士多德

（呆视鱼竿，目光茫然）夫子曾说，"可知止于原子"，而"真理之鱼"如果小于原子，只在"波函数"中跳来跳去，我们如何钓它上钩？钓上来的是"真理之鱼"，或只是一片鱼鳞？量子维度的海洋迷失了人类探索终极真理之路，科学可能永远不能到达客观真实的彼岸。

庄 周

（抬起钓竿）大师曾经批评我的不可知论可能导致虚无主义。虚无主义确实可能是谬误，因为我不能否定大师所谓"真实的彼岸"的存在。周以为，彼岸的真实就是终极的或本原的"存在"，就是"零子"。零子可能是物理性质的，也可能是精神性质的，在终极的意义上，并没有物质和精神的分别，它就是"无的存在"，而"无"的实质是虚幻之动，"动"以变易实现存在的演化，以恒定保持演化的结果，大千宇宙依据变易—恒定原理从"无"而生，那么宇宙的本质是实有还是虚无？世界终将被科学技术带入虚幻化，人们将不得不承认，虚幻之动被不同的组合结构变成了不同的物质，物质世界的基础就是虚幻的，人们自己其实也是虚幻的。虚幻是否等于实在？所以，终极真理只能是对终极存在的"不可认知"，我们无法确定"终极真理"这条鱼是否真的存在。我的大师，虚无主义也可能就是这条鱼，它可能已经在我的钩上了。

亚里士多德

（对庄周以退为进的迂回战术迎头反击）终极真理不是虚无的，而是实在的。夫子难道不认为自己的无中生有论是终极真理吗？

庄周

（浑水摸鱼）无中生有缘于虚幻之动，吾不知其因何而动，所以，"无中生有"既无法证实也无法证伪，可能不是终极真理，也可能就是那条无法确定的真理之鱼。

亚里士多德

（坦荡其言）终极真理可以解释为"彼岸的真实"，从真理的客观性而言，它是终极的存在。当然，我只能承认，"终极真理"和"终极存在"，对于人类和灵魂都是不可知的，我正式认同夫子的不可知论，但反对夫子的虚无主义。

庄 周

　　谢谢大师的理解！不可知的"终极"可能是实在，也可能是虚幻，因为我们与它之间被无限之路永久隔断。我只能猜测，一切皆由虚无的振动构成，虚无的振动构成的一切，由于相对性产生了或显现出各种不同的性质，比如能量、质量、场、力、维度、实体等等。而终极的存在就是"无"，终极的真理就是"无中生有"。大师，我们还是专心钓鱼吧，也许它自愿上钩呢。

　　（他又一次抬起了"鱼竿"）

亚里士多德一阵头晕目眩，不辨南北，丢失了想象中的鱼竿。
公元2127年，亚里士多德和庄周在不知不觉中相会于南极洲上空。

庄 周

　　灵界忽然之间，人间恍若隔世，大师想我了？

亚里士多德
　　一定是夫子想我了。

两位灵魂心照不宣，用轻松的寒暄回避了一个极端恐怖的话题。

五十年前，人间世界曾经走到了历史的断崖边，一场没有硝烟的超限战争如同一柄无形无影的达摩克里斯剑，悬在每个人的眉睫之间，能瞬间毁灭智能社会人类肉体和心灵的智能生化武器和数字攻心武器恶魔般的威慑力，淹没了任何人夺取战争胜利的自信心，有史以来天不怕地不怕的人类，最终慑服于自己创造的科学技术。为逃避肉体溃败、遗传断裂、变易失序、心智癫痴等难以想象的生存灾难，各国政府遵从近百亿地球人的共同意愿，经过三个月紧急而艰难的磋商，达成了国家和民族利益无条件服从全人类生存权利的共识，统一混合编组采取代号"捍卫生命"的强制行动，彻底销毁一切大规模灭绝性"超限武器"，并建立人工智能的永久性一体化监控处置系统，严格限制各国政府和军队的战争职能，制定旨在无条件铲除一切利用人工智能从事反人类活动的国际法律制度和监控体系，同时批准实施已经协商近二十年的经济科技文化全球化法案。不知是侥幸还是万幸，人类避免了一场灭顶之灾，并且奠定了走向世界大同的第一块制度基石。

短暂而持久的停顿。

作者私语：此刻究竟开始于 2127 年还是 2077 年，我实在无法确定，两位灵魂的停顿也许就是五十年。21 世纪的技术爆炸，同时带来了未来的光明和末日的黑暗。

亚里士多德和庄周以无言的默契，跳过了那一段谁都不愿回顾的时光，摆脱了未发生的历史悲剧阴影。他们决定飞跃全球，遍览崭新的世界。

"智能社会的人类……"两位灵魂异口同声，说出了共同关心的主题词。

庄 周

（笑）请大师先说。

亚里士多德

一百年前我们讨论的智能社会已经到来，未来三十年，人类社会将展开全面的智能化改造。我们即将看到，人工智能为人类社会提供全面的研发、生产、服务、保障、管理。物理学和化学使土壤、阳光、空气和海水成为取之不尽用之不竭的基础资源，可控核聚变技术使海水中的氢跻身为与阳光并列的主要能源，人工合成元素技术创造出各种性能奇异的材料，人工智能团队同时研发初级和高级"智能材料"。生命科学彻底颠覆健康和长寿的概念，"自信人生二百年"成为现实，全球人口倍增。社会秩序井井有条，安全保障环环相扣，社会生产和财富积累巨额增长，人的生活成本以及相应的生产、服务成本失去商业价值，一切需求行为和供给行为都同步进入社会管理的统计记账，需求与供给良性互动。信息化和智能化开启并推进全球化参与的民主政治，世界即将大同，变成真正的"地球村"。人们将在无忧无虑中享受科学的回馈，我们过去想到的、没想到的，都将实际发生。现实神奇如梦，人生周蝶难分！

（看着下面匆匆滑过的智能化都市群，他感慨万千，赞叹不已）

庄 周

伟大的人类，依靠智慧从动物界脱身，依靠科学提升智力水平，依靠技术发明制造工具，依靠人工智能支配自然，成了世界真正的主宰。然而，主宰世界的工作交由智能机器人去做，人类自己却进入无所事事的闲散空虚状态。现在的人，十岁，三十岁，五十岁，一百岁，一百八十岁，都同样生活在自由而严谨的社会环境之中。大师曾经预言的"读书，美食，娱乐，聊天，健身，旅游，交友，自闭，睡觉，做梦，游戏，艺术，享天伦之乐，尽人性之美"的生活方式成为现实。

（他的态度从承认转向对抗，试图以灵魂智能批判人工智能）

用20世纪传统的马斯洛"需求层次理论"衡量：人的生理需求已完全满足，安全需求也几近满足。

爱和归属感的需求发生根本性改变，智能化和长寿化的生存状态使血缘观念、家庭观念、性别观念、婚姻观念、群体和个体观念发生扭曲，亲缘家族庞大而松散，单身人口类聚而群分。人际间的社会交往从一度的淡漠转向紧密，以缓解同一化的智能生活带来的孤独感和冷漠感。自然人接受智能化改造，还可以与机器人结婚，人机不分，机不机，人不人。

尊重的需求从复杂归于单一，由于智能化使人的能力差异萎缩而趋同，人与人的尊重趋于形式化，只剩下庸俗虚伪的礼节，各种生活内容简化为变相的游戏和比赛，生活中相互比较的胜负成为"尊重"的普遍价值尺度。

自我实现的需求，以及自我超越的需求，包括马斯洛早前提及的求知需求与审美需求，也几乎被智能化一网打尽，聚集到了"相互比较"的游戏之中。在无所事事和记账监管为主要标志的智能化生活方式之下，高难多变的智能游戏像一百多年前的中国麻将对于大爷大妈一样，成为智能社会的人们生理和心理上最直接、最简易、最持久、最单调的刺激因素。不同的是，游戏的种类千奇百怪，涵盖了各种生活内容，涉及现实、幻想，群体、个体，凡俗、高雅，历史、未来各个方面。

游戏者作为现实时空中的生物，精神却沉迷于虚拟时空之中。双重时空的交织渗透，混淆了真与假、梦与觉的标准，人的思想方式、行为方式、生活方式彻底异化。

游戏的两大要素是规则和胜负，前者是约束，后者是激励，而这也恰恰是智能化社会生活不可或缺的基本要素，智能化导致了游戏的生活化和生活的游戏化。烦琐精细的社会管理使人的一切活动必须在严格的循规蹈矩中进行，而人从事各种活动的意义，由于失去商业价值，只剩下审美评价，实质上都变成了"相互比较"的游戏——严格按照规则的要求，努力争取最好的结果。

大量的人群变成"游戏族"，一天、一年和一生的生活目标简化为"遵守规则，赢得游戏"，不做游戏就失去生活。那些志存高远的人们羞于耻于游戏人生，选择逃离都市，回归自然，怀古忧今，吟诗把酒，忘情于山水之间，为保持人性，必须背离智能。少数人的科学研究和艺术创作由于无法与机器人匹敌，变成了自娱自乐，实质上也变成了游戏的研发与创作，而创作游戏无非就是创作规则，拐弯抹角，殚精竭虑，本身也是游戏。

　　在各种莫名其妙的规则之中，人们拼命去赢得游戏，争取升级，满足"尊重需求"和"自我实现需求"。智能化生活的主要内容就是游戏的规范和规范的游戏，与动物界形成天壤之别，却变得比动物还单调、还愚蠢、还无聊。游戏既是娱乐又是学习和锻炼，动物吃饱了安全了就做游戏，植物也会借助风和水等自然力做游戏。自然法则造就动物游戏，社会法则造就人类游戏。人类的社会生活是最复杂的游戏，不断发明最复杂的规则，创造最复杂的玩技。人类最终将从技术的主人变为宠物和奴隶，他们为技术而生活，为技术而游戏。世界是技术的游戏场，而人是技术游戏的道具。

　　大师，这是人性的解放，还是人性的异化？你的科学从牛顿的"原理"至今四百四十年，已经把世界变得如此怪异，人类甚至可以通过智能技术和生物技术改造自己的种性，这究竟是造福人类还是要毁灭人类？

　　（庄周的责难归结为"游戏说"）

作者私语：游戏！如果人真的摆脱了社会劳动和家庭劳动，还有什么事情好做呢，似乎只有游戏。演戏也是一种游戏，如果一部分人希望体验多种人生，在实际生活中演戏，变换自己原本的相貌、个性和社会角色，社会生活的秩序将无法想象。如果虚拟的游戏与现实的人生混淆不分，梦觉难辨……细思极恐。

亚里士多德

（大惑不解）夫子，你认为究竟是现在的智能社会好，还是老聃夫子的"小国寡民"社会好？

庄 周

（义正词严）当然是小国寡民好。小国寡民符合人性，符合自然。

亚里士多德

（反驳）但智能社会就是自然按照规律进化的结果。

庄 周

（再反驳）所以进化是异化，是悲剧，进化就是走向死亡。我们曾经讨论过，自然的基本规律是熵与秩序的协同增长，但科学技术不等于秩序，它既是熵的阻力，也是熵的精华，是超级毒品，是原子弹、氢弹、中子弹，是"生化弹""数字弹""智能弹"。科学技术一向造福人类，而最终却必将毁灭人类！玩火者必自焚。五十年前没有毁于战争，五十年后也将毁于游戏。

亚里士多德

（理直气壮）人类不会因科学而灭亡，人工智能帮助人类摆脱自然的束缚，还可以帮助人类开发新的生存方式。自然进化的历史巨轮，夫子的"螳臂"不可阻挡。

庄 周

当年泰坦尼克号上的任何人都不能阻止那座"人工岛屿"的沉没，现在的任何人也不能阻止人工智能社会的覆灭。科学技术就像甜美的毒品，人们即使意识到它的危害，也忍不住继续服用，直到死亡来临。人工智能将帮助人类改造自我，可以装上"人工的"内脏、耳目、皮肤、四肢，把智能植入人脑，或者个人定制理想的人体，把思想植入机器，以致改变部分基因，使人具有下海入地上天的能力，成为半机半人、非机非人。更变态的是，植入人脑的智能软件取代并升级了八十年前造成全球震荡的"脑联网"的可穿戴设备，使人的思想彻底失去了私密，"有思想的我"变成了"有思想的我们"。不愿意、不同意被改造的人，将成为低智低能的种群，而且因为"智能依赖"型的生活方式，变得越来越低智低能，最终被社会淘汰，从自然人变成劣等人，从主人变成机器的奴隶、社会的奴隶。智能社会是奴隶社会吗？

亚里士多德

智能社会是真正人人平等的社会，不需要奴隶，阶级分化是智能社会的法律制度绝对禁止的。在智能社会中，每个人的幸福是所有人幸福的根本前提，不同人群对生存方式的自由选择，得到相互的尊重和制度的保护。我们眼前的智能社会不是这样吗？

庄 周

（再问）我们眼前的智能社会已经开始了人的智能化改造，不愿意改造的人怎么办？

亚里士多德

（反问）智能化改造提升人的智慧和体能，有何不好？

庄 周

（批判）改造就是异化，最终将改变人的生理和心理状态。智慧和体能改造了，本性和本能丢失了，基本的人性、人情、人伦、人道、喜怒哀乐、生殖繁衍的天性何在？

亚里士多德

（辩解）这种状况并没有发生。

庄 周

（继续批判）不是没有发生，只是尚未发生，不代表不会发生，发生了就晚了，就完了！

亚里士多德

（反批判）人性不会丢失，改造后的人还是人，是智慧、能力、道德获得智能化升级的人。

庄 周

大师，人类的前途不关你我的事，也不关任何幽灵人的事，只关乎所有活着的人和尚未出生的人。智能改造，改造以后是人还是机器？人和机器没有融合相对论和量子论，却被相对论和量子论衍生的智能技术融合了。这是悲剧的伟大还是伟大的悲剧？（语气从唇枪舌剑变成了自言自语）

亚里士多德也忽然失去了辩论的激情，自己也不能确定是想起了什么还是忘却了什么。

一场激辩戛然而止，两位灵魂陷入深思。

作者私语：惊心动魄！人工智能究竟能否做到万能？究竟是人类的福星还是灾星？大师们的论辩令我失去了思考的能力。

来到了本书的开始

地球历 2157 年 8 月 8 日，雅典海滨。

时至傍晚，夕阳残照，海鸥仍在飞翔，休闲的人们陆续离开，剩下一些贪玩的孩子和他们的父母，还有几对不知时间为何物的情侣。

两位灵魂已经聊了很久，但人间只过了几个小时。

亚里士多德
我们也该走了，到我家去。

为亲身体验和回味人间的生活，亚里士多德的球形车与幽灵社区的各种物体一样，是用"场态物质"模仿人间的"实体物质"形态制造的。在沙滩旁的空地上停留期间，球形车已被不少人在不知不觉中穿越。球形车的中央是方形的座舱，座舱的前后左右和上方是透明材料制成的各种机械和智能装置，与座舱共同构成三分之二球体的主体结构，下方三分之一球体是空的，但座舱底盘具有始终垂直于地心引力方向的特殊功能，使主体结构在任意行驶状态下始终保持平衡。最外面的球形外壳可以向任意方向转动，决定车辆的行驶状态，外壳整体由既坚硬耐磨又可柔软变形的材料制成。下方三分之一空的球体在运转状态中逐渐变平，车辆即可减速直至停止。运转中的球面任何部位都可以根据需要发出灵界交通工具特有的紫外光，在不影响人类活动的前提下，确保行进方向和速度的各类标示位置固定、信号明确。对于车辆的一切指令和操作都是智能化的。

三分之二球状体的汽车，底部出现一段缝隙，逐渐向上推展，车门打开了。庄周提着缩成一个箱包大小的鹏鸟飞行器走进去，亚里士多德随后上了车。车门关闭，车体迅速升高，变成完整的球形，汽车启动了。

"森林社区，21世纪社区，然后回家。"亚里士多德向球形车发出指令。地球人不可能感觉到球形车的存在，而对于幽灵人来说，坐在球形车上感觉很酷，车辆外壳的"紫外颜色"是可变的，而从里向外看却是透明的，居高临下，视野宽广。

22世纪，雅典的城市面积扩大了好几倍，原来的城市被完整保护，又隔山隔水建设了大片新区。

前方出现了一片稀疏却无比高大的森林，每一棵树都是一座高耸入云的建筑物，大树的枝干是输送居民及货物的智能高速通道，各种形状的别墅像果实一样悬挂在树冠上。

"我们已经进入了森林社区……""不必介绍了。"亚里士多德打断了智能汽车的报告。球形车在分布林区的宽阔路网中行驶，两位灵魂早已习惯了与四维时空的各种车辆相互穿越时惊心动魄的感觉，而被他们穿越的车辆中的地球人却全然不知。只有一次，球形车与一辆幽灵人乘坐的浅紫外色陆水空三用轿车相会，双方用紫外灯语打了招呼。道路的两边是大片的绿地和湖泊，以及各类生活娱乐设施，各种形状的飞行器在天空中有序穿梭。

亚里士多德

（以历史学家的口吻）22世纪是智能化的世纪，基于上世纪后期以来人工智能的爆炸式发展，许多人接受了植入智能，成为智能人，欧洲出现了大量智能社区，人们通称为"森林社区"。

庄 周

全世界都一样，人类制造工具，工具改造人类。从我们的时代开始，人类就逐步陷入越来越深重的物质泥潭，农业社会面朝黄土背朝天，工业社会变成了"卓别

林"，后工业社会曾被误称为"信息社会"。其实对于社
会运转节奏大幅加快而言，信息快速传播的推动作用与
信息不对称的阻碍作用是并存的。按主导产业划分，后
工业社会应称为金融社会，主要特征是资本决定一切，
物欲横流，金钱至上，物质化的价值和经济学的原理潜
移默化支配了社会生活和人的观念，以货币为尺度的利
益主导了各种社会关系。

到了智能社会，大数据的普遍应用使信息成为配置
社会资源的第一要素，信息产业升级为智能产业，超越、
主导并融合了前三次产业。生产、服务、科研都由机器
人承担，人类依靠人工智能实现了彻底的自我解放，成
为不必劳动、坐享其成的纯粹消费者，有史以来以人的
劳动为根基的商业价值和物质利益悄然消失，人的占有
欲、控制欲淡化殆尽，物质极大丰富，精神彻底解放，
抽空了欲望之火的底薪，使道德之水重现清澈。但是，
部分人类自愿选择接受智能化改造，智力和体能显著提
升，理性至上，情感消退，生活变成了游戏，游戏变成
了工作。看看那里边的娱乐活动。

（星际战役智能游戏宫在路边整体缓慢摆动着）

游戏人生，消磨时光，循规蹈矩，力争上游。生
活失去目标，思想失去价值，何乐之有？在没有劳动的
"游戏文明"中，人将不人！

亚里士多德

（反驳）夫子谬矣。智能社会之前，人类不是在物质
的泥潭中越陷越深，而是逐渐摆脱艰辛、愚昧和物质的

牵累。进入智能社会，人类尽享幸福，其乐无穷。科学的最大功绩就是实现了地球人的智能化生存，甚至有人主张探索实施星际生存，提出百万人移居木卫二的"爱因斯坦计划"，并已开始了筹备工作。夫子认为"爱因斯坦计划"能够成功吗？

庄 周

（回答得出乎意料）当然能够成功，木卫二有海洋，有陆地，还有稀薄的含氧大气层，是太阳系中具备最近似地球人生存条件的天体，甚至可能已经存在生命。海洋是人类生存的基础资源，可以从中分解出大量氢和氧，氢是社会运转的能源，氧是人类生存的能源。人类可以按照生存需求"装修"木卫二，建造水下城市和陆地城市以隧道连接的全封闭区域，人们在区内生活，还可以到区外探险。"木卫二人"将逐渐演化为地外智能人类，经受彻底的改造，脱离地球生活方式和文明传统，重新激发强烈的族群生殖繁衍欲望。但是他们不过是地外生存实验的"小白鼠"而已，实验成功将是他们彻底异化的开端。

亚里士多德

（用当年讲课的口吻）21世纪前叶曾经盛行"黑暗森林"之说，认为宇宙就像黑暗的原始森林，人类不知道哪里有比自己高级得多的外星智能生物，他们由于生存利益与地球人不共戴天，一旦知道了人类的存在，就会毁灭人类。当时霍金就极力主张这种观点，并向世界发出过多次警告。

（他很高兴庄周认可科学进步的成就，并不在意进化还是异化，因为进化本来就是异化，或者只有异化才能进化）

庄 周

（不屑一顾）无聊，霍金年轻时很优秀，老了就无聊了，喜欢一些离谱的奇谈怪论，比如预言数百年以后如何如何，怎么算出来的？说者听者都活着见不到，死了不知道。唯独在对待人工智能的问题上，他是清醒的。作为优秀的科学家，他在最后的时日，不但承认了科学无法获得终极真理，而且一定程度承认了科学可能毁灭人类。

亚里士多德

（看了庄周一眼，为了继续自己的演讲，没有接受他的挑战）霍金的确错了……

庄 周

（抢断话头）嗨！我否定他，你也否定他，所以你同意我。这是你的逻辑三段论。

亚里士多德

（被迫反击）诡辩！你不是他，猪也不是他，所以猪是你！

庄周笑得差点出了灵界。

亚里士多德的大黑球汽车进入了一片21世纪风格的社区。这个与森林社区一样庞大的社区形成于一次全球性大灾难。

22世纪初，人工智能大爆发给地球人类带来生存危机，曾经多次发生机器人出于自发或被人操纵越轨叛逆的苗头，智能社会的监控处置机制与智能风险的出现同步生效，及时将危机消灭于萌芽的发端，风险防控机制随即优化升级，确保实时发现并封杀铲除智能危机因子。智能机器的问题由智能机器解决，人类谓之以机制机。

但是，人类自身又出了更大的问题，越来越多的人自愿或被劝导在体内植入全智能软件，成为"智能人"，实现了"生而知之"。但不久就发生了数字化思维与文化传统、生活情感以及遗传基因的恶性冲突，"智能人"迷失自我价值，出现了大量精神疾病群体，其中也包括不少从前的精神科医生和学者，主要症状是主观意识与客观现实不匹配，造成颠覆性心理失衡，行为失范，一批重症患者出现了极端心理倾向：砸碎现实，改造肉体，重塑生命的意义，陷入越来越深的撕裂性心理病态。

智能社会的问题解决机制很快对这一重大灾难性事件确定并实施了解决方案：强制删除智能精神病患者的智能软件。病患群体迅速萎缩了，智能危机被有效缓解，大批的人群不再选择植入智能软件，决定永久保持21世纪的生活方式，充分运用体外的智能装备和资源，尽情享受摆脱劳动的快乐生活。21世纪社区因此诞生，以"享受生命"为口号定格于历史。

仍然有很多人愿意植入有限智能软件，还有些人接受了部分器官改造，使自己在选定的生活内容中与机器人一样聪明能干，无论打游戏还是编游戏，都可以人机对抗，向无限的顶峰攀登。而誓死不沾游戏的有限智能改造者，选择投身科学或艺术、哲学的创造性研究，与真正的智能机器人勇决雌雄。他们的志向最终变成了顶级智能游戏，最简单的是穷尽圆周率类，比较复杂的是穷尽最小粒子、穷尽时空终端、对接无穷小和无穷大类，最艰难的是证明不可证明类，成为学术版的人机对抗。

越来越多的人在智能灾难后产生了逃离科技的思潮，主张并选择回归原始，在生活方式上尽最大可能排除科技进步的痕迹，隐居田园或浪迹山野，只在万不得已之时借助智能科技手段救急。他们掀起古典复兴运动，学习四大文明古国的语言、文化、艺术、哲学，学习铁器时代的耕种、纺织、打鱼、游牧等生存技艺（狩猎已被全社会禁止），采菊东篱下，悠然见南山。

人类社会逐渐分化为三类族群：智能人、传统人、原始人。而在人类之上，还有智能机器人，它们功能各异，形态各异，大到从事生产或服务的巨型设施，小到防腐治病的智能微生物，担负着各种社会职责，以各自不同的角色与人类交往，全心全意为人类服务。

但是，还有一类极其特殊的人。一些曾经有钱有势的人由于身患绝症或严重残疾或生来丑陋，决定放弃自己的肉身，将意识输入计算机，选择一个机器人作为自己新的身体，亲自实现了人类几千年来长生不老的愿望，号称永生人。智能社会日臻成熟，永生人的机器身体因材料技术的进步像真人一样，交由计算机维持生存的意识，摆脱了大脑老化的危险，还可以植入人工智能。

永生人被人类称为活着的机器人，却被机器人称为死了的自然人。确切地说，他们是死者生前意识的机器延续，但计算机化的"意识"由于不能脱离"机器身体"独立存在，并不是真正的灵魂。若干年后，尽管做永生人的成本已经随全社会商业价值的消失而消失，却并没有被人类广泛接受。因为永生人生前死后的一切想法都随时进入社会的智能数据库，虽然受到严格的法律保护，但在根本上完全没有了隐私和自我，而且以往活的灵魂交由计算机延续，完全不由自主，因而失去了个性甚至人性和人情。人类已经知道了纯洁的灵魂可以在灵界生存，更多的人宁愿认为自己可以经过净化得到灵魂的新生，相比之下，做永生人实在没意思。多数永生人接受了智能化改造，无所不知，发现自己已经永远失去了天生的灵魂，无穷无尽非机非人的生活，使自己的社会角色变成了看客。很多永生人对当初贪生怕死的选择追悔莫及，甚至终于自我了结。更多的永生人仍然贪生怕死，只能苟且享受孤独单调的永久余生。

智能社会的治理机制发布了关于不同族群的权利保障制度和法令，确保智能人、传统人、原始人以及机器人、永生人的平等共存。由此，分别建立了智能人的森林社区和传统人的21世纪社区，原始人则遍布全球，形成众多的部落，互通有无，互惠互助。机器人遍布各地，为不同人类提供相应服务。永生人介于机器人和自然人之间，努力参与三类自然人的生活。进入智能文明以来，各类族群彼此相互理解，相互尊重，平等交往，各得其乐。

亚里士多德

（把目光从智能雅典的繁华夜景转移到庄周的中国先秦装束，忽然不无凄凉）怀念我们的时代！

庄 周

（用楚国狂人接舆的眼光横视这位古希腊智者）都是你的科学搞的鬼！

外星人会不会光临

希腊的幽灵社区分为两处，一处坐落在郊外一片优美的湿地上，而亚里士多德选择了另一处，被称为希腊诸神之山的奥林匹斯山脉。两位伟大的灵魂来到亚里士多德的城堡。

亚里士多德

（在庄周对面坐下）喝点什么，你们的茶，我们的咖啡？

庄 周

（随时都要挑衅亚里士多德的逻辑）不饿则不吃，不困则不睡，不渴，为什么要喝？

亚里士多德

（施以训导）学点文明的生活方式。

庄 周

（冥顽不改）咖啡喝少了没意思，喝多了难受；茶泡来泡去太麻烦。

亚里士多德

（故意不看庄周）又不用你泡。

庄 周

（强词夺理）泡茶是一种劳动，喝别人泡的茶是剥削别人，喝机器泡的茶是剥削机器，喝自己泡的茶是剥削自己，我宁愿不喝，也不愿意剥削或被剥削。

亚里士多德

（换了思路）那夫子就回你的黄河老家喝凉水吧。

庄 周

嘿嘿，喝啤酒吧，再来根雪茄。

亚里士多德

（笑了）刚才说到霍金，要不要把他叫来一起聊？

庄 周

不必了，我跟他聊不到一起，我还是喜欢爱因斯坦和玻尔。不过与大师聊天最好，我们是时间的老乡。（忽然诗性袭来）老乡见老乡，两眼泪汪汪。飘游天地外，惟恋旧时光。

亚里士多德

正合吾意！谁也不叫。我们来到玄冥之境，幽人奇思，泛彼无垠，理想不再需要风帆。夫子既然诗兴大发，我们何不吟诗赏月，对酒当歌？脱物累兮忘忧烦，享天放兮随自然。将白云兮御惠风，任逍遥兮寻本原。（诗才横溢）

庄 周

（肆意妄言）大师颇有屈子之风！然而，与科学和哲学相比，诗是无能的表现，积外界刺激于心，抒内心情志以言，虽有大量经典传世之作，毕竟皆是"以我为天地"，太自我了，不如科学和哲学，"以天地为我"，大哉，豪哉，宏哉，壮哉！

亚里士多德

（表示理解）夫子果然擅长极端思维，"我为天地"与"天地为我"，依我看难分伯仲，但确实揭示了文学、艺术与科学、哲学的不同。

（随即重新提起了先前没说完的话题）刚才在路上说到21世纪前期曾经盛行的"黑暗森林"，算不上理论，充其量只是一种说法。不过，虽然至今没有发生外星人大规模入侵太阳系，地球人也没有找到星际迁徙的目标，但可以断定，外星智慧生物而且是多种不同的高级智慧生物，在宇宙中存在的可能性几乎是100%。那么，我们如何认定"黑暗森林"是错的呢？

庄 周

（不假思索）老虎吃蟑螂吗？大象吃蚂蚁吗？鲨鱼会把蚊子都杀光吗？

亚里士多德

（又斟满了啤酒）说得好！但最好换换语言风格，请夫子用理论研讨的方式阐述高见。

庄 周

（举杯一饮而尽）据说，现代人类的共同祖先凭借智慧和勇敢，曾经灭绝了尼安德特等其他原始人种，是因为生存竞争，也曾使大量其他物种灭绝，却是无意的，后来人类认识到了保护动物、保护整个生态系统对于自身生存的极端重要性，开启了生态文明。外星高智能生物如果能够大规模星际迁徙寻求生存，也一定懂得保护生态环境的道理。他们如果来太阳系，会首先设法解消地球人类的反抗意识和能力，然后与地球的各种生物包括人类和鳄鱼、狮子、苍蝇、病毒和平共处。如果大师是统治地球的外星人，难道不喜欢身边有花有草，有各种各样的动物，还有聪明懂事会说话的人类宠物吗？难道还怕它们造反吗？

亚里士多德

（看着陷在沙发里的庄周）夫子隐几而坐，仰天而嘘，形如槁木，心如死灰，却屡屡语出幽谷，意犹云霓。请继续。

庄 周

外星人能来早来了，宇宙的历史足够多种形态的外星智慧生物完成进化，但是，星际间的距离遥远和环境差异，阻绝了物种大规模迁徙的可能性，而且外星物种可能根本无法在地球生存。然而，小型智慧生物团队或者智能机器间谍很容易来，无论远古时代还是文明时代，他们可能早已来过多次，说不定它们此刻正在某个角落窥探我们。（亚里士多德毛骨悚然，扫视四周，却发现庄周在坏笑）他们只是来了解不同星球的生存环境和生活方式，为自己星球的智慧生物增加知识，探讨宇宙生存的普遍规律而已。由于没有物种整体迁徙的可能，他们完全没有必要消灭人类。

如果真有外星物种具备大规模星际迁徙的能力，他们的进化程度一定比地球人类高得多。他们选择地球，研判生存环境，一定要精确评估人类的能力，必然发现人类对他们的星球不构成威胁，对他们的"侵略和殖民"也无法抗拒，他们的技术手段可以首先消除人类的一切反抗能力和反抗意志。那么，他们的迁徙方案对于人类将是征服和驯化，使人类成为他们的宠物或者奴隶。

亚里士多德

如果他们邪恶如魔鬼，人类的命运将可能比奴隶更加悲惨。

庄　周

大师主张文明进化的方向是善良和正义，也许他们仁慈如上帝呢？如果确有能够实现星际迁徙的高智能物种，并且他们一定要背井离乡来地球生存，人类只能听天由命。

有人类科学家推断宇宙的直径达九百三十亿光年，那么半径就是四百六十五亿光年，而宇宙的寿命至今只有一百三十八亿年，这意味着宇宙边缘的星光到达中心还需要三百多亿年，实际上由于宇宙的加速膨胀，它的中心与边缘早已处于永远的"光线失联"状态。即使人类能够看到一百亿光年的恒星，那也只是一百亿年以前的信息，这么长的时间，那颗恒星现在可能已经老死了。甚至外层宇宙已经开始收缩，我们也无从知晓。所以遥远的星际是被空间和时间隔绝的。

亚里士多德

然而我们仅仅就直径十几万光年的银河系而言，高级智能物种也一定不少。如此巨大的"黑暗森林"中，很可能有凶残无比的"猛兽"，人类不得不防。

庄　周

猛兽来临，防不胜防。但即使在银河系的范围内，人类和其他智能物种也并非共同生存于"黑暗森林"之中，而是分别居于"文明孤岛"之上，隔绝孤岛的不是海洋，而是太空和时间。

（伴着雪茄的烟雾喝了一口啤酒）

在四维时空中，任何物质的速度都处在大致相当的量级，从乌龟、兔子，到子弹、火箭，与光速比较，都是"龟速"。光速是四维宇宙中的速度极限，即使接近光速运行也难以满足星际迁徙的需要。

亚里士多德

（笑了）夫子绕来绕去，终于刺中了"黑暗森林"的要害，光速极限是四维时空的铁律，"猛兽"和"恶魔"都无法打破。

庄 周

（恍然大悟，此前一直在被大师戏弄，决定夺回主动权，转守为攻）……但光速为什么能够远远大于其他物体的速度，并成为四维时空的速度极限呢？

亚里士多德

根本原因在于光不属于实物宇宙。光是实体物质（比如恒星）放射的能量，以光子—光波即场的形态传播，与实体物质的运动（比如宇宙飞船在太空飞行）相比，所依凭的介质有本质的不同。我曾经设想宇宙空间的基本元素是"以太"。水、火、气、土构成世界，而以太则构成太空。光在以太中传播，而任何实体物质都不可能凭借以太运动，所以光速是速度的极限。抱歉，我当初并没有现代科学的概念，以为光速是无限的。请允许我用现在的知识对当时幼稚的假想做一点修饰。但这个幼稚的假想却代表了当时人类思维的最高峰。

庄 周

（打断了他，报复刚才受到的愚弄）大师请等一下，你代表的是当时地中海人思维的最高峰。

亚里士多德

（很不好意思）对不起，夫子的批评我完全接受。同时代的中国也很了不起，你们道家的哲学造诣高深，墨家的科学、名家的逻辑学也很独到。道家哲学的境界直到现在也不逊于任何最优秀的学派。不过请注意，我说的是境界，只是境界，而你们非逻辑非数学的论述方式我不能苟同。来到灵界，夫子汲取了西方的科学思维和科学方法，多次把我辩得不知所措，这证明了道家哲学的力量，也证明了西方科学的力量。

庄 周

（笑了笑）我们的事另外讨论，先说大师的光速和以太吧。

亚里士多德

（宏论正式开始）在我的时代，以太和原子是科学的两个基本概念，原子构成物质，以太构成天空。这两个基本概念一直伴随科学的发展，但以太的命运不如原子。科学一度认为，以太在太空中无所不在，绝对静止，没有质量，是光的传播介质。直到17世纪科学革命，"以太说"一直占据重要地位。后来，科学的发展似乎要遗弃它的婴儿车，以太说受到极大的挑战。然而到了19世纪，以太说曾再度兴盛。科学史上许多著名科学家都为以太说做出了贡献，而以太说也帮助了光学、电磁学的发展。

庄 周

（笑问）再后来呢？

亚里士多德

彻底的抛弃。迈克尔逊－莫雷实验揭示了以太假想与科学观测的矛盾。狭义相对论表明，观察者在任何方向以任何速度运动，都应测量到相同的光速。爱因斯坦指出，如果人们不能检测出他是否穿越空间的运动，则以太观念纯属多余。

（沮丧一闪而过）

但是我认为，爱因斯坦这句话的意义在于，以太对于四维时空是"多余的"。人类没有发现以太，并不能最终证明它不存在。人们观测不到以太，是因为它属于虚无的原始宇宙，与实物宇宙没有直接关系，而以太对于量子宇宙则是一种基本的存在，这就是夫子所谓"无"的存在。根据广义相对论，从空间的物理性质而言，以太是存在的。据说爱因斯坦也有类似的说法。

请我们回到光速极限来思考。人类在20世纪已经确认，光在真空中的速度是299792458米/秒。然而"真空"是什么？四维宇宙的"真空"并不是真正的虚空，而是爱因斯坦所谓具有物理性质的"场"。没有场的"真正的真空"是虚无维度的原始宇宙，以太是其基础构成，就是我们所谓"零子"的世界，没有空间的大小，没有时间的长短。按照夫子的理论，"无"就是无限，现实的宇宙从此而生，依此而存，"无"的存在决定了"有"，"有"的生成反证了"无"。

光以"量子场"的形态凭借以太传播，所有量子的场也都凭借以太而存在。量子宇宙生成实物宇宙的"暴胀"过程结束后，宇宙进入平稳加速膨胀的阶段，各种频率的振动模式得以在量子维度中各行其是，无线电波不会因为阳光普照就支离破碎，太阳的光辉也不会因为宇宙射线就破败残缺。阳光凭借以太在没有四维时空性质的量子宇宙中传播，它的速度可能真的接近无穷大，更可能根本无所谓速度，但是因为穿越实物宇宙，所以有了四维时空中的光速。

庄　周

（一向偏爱颠覆）以太是零子，光凭借以太传播。请大师继续，为你的以太翻案！

亚里士多德

按照我们的"三重宇宙说"，零子是与量子、原子对应的概念，为了叙述方便，我们暂且用它的曾用名"以太"。以太作为零子的存在，构成虚无维度的原始宇宙，充满并包容量子宇宙和实物宇宙。以太既是最小又是最大，既是短暂又是恒久，既是固定又是流动，与四维时空的物体不构成相对性，对于人类，以太是不可观测的。所以，人们"无法检测出他是否穿越空间的运动"，人们曾经想象和推测的"以太风"确实不存在。

光以量子场的形态传播，不能以实体物质的场作为介质，也不能以其他量子的场作为介质，只能凭借以太传播，所谓量子纠缠的"超距作用"，很可能就是量子场在以太中毫无四维时空性质的关联状态。人们观测到的光以及各种射线都可视为不同频率的电磁波，它们作为"量子场"穿越四维时空的"实物场"。四维时空的物体可以阻挡部分频率的电磁波，也被另外频率的电磁波穿透而延缓其速度。而四维时空的"真空"是实物场与量子场交叉渗透的，使本来凭借以太传播的电磁波形成了在四维时空中的速度。

（他振奋精神）

需要强调的是，维度不是独立的存在，而是存在与存在之间相互关系的"性状"，四维时空是实物宇宙的性状，量子维度是量子宇宙的性状，虚无维度是以太构成的原始宇宙的性状。以太在太空中无所不在，是原始能量正负抵消中和的隐性存在，与量子宇宙和实物宇宙没有参照关系，并不构成"绝对的固定的坐标系"。因此，人作为观测者，可以观测四维时空中物体的相对运动，也可以观测光在量子场中穿越实物场的相对运动，但无法观测以太。虚无维度的以太，或者以太维度的虚无，与四维时空相互渗透，互为虚无，以太对于四维时空的物体和观测者是"多余的"，"地球相对于以太的运动"并不存在，迈克尔逊－莫雷实验测不出来，狭义相对论也不需要，但对于量子维度的光子、电子以及它们的场，以太是其存在的必要依据，同理，量子场也是实物场的存在依据。

庄 周

（对亚里士多德的气魄大加赞赏）朝生暮死之菌不可能知道月亮的晦朔，夏生秋死之虫不可能知道地球的春秋，四维时空之人怎么能真正理解太虚之境的以太呢？知之者，唯大师与周耳！

亚里士多德

（结束短暂的思考）以太的概念虽然是我主张的，但两千多年来，不断被赋予新的内涵，现在需要重新认识，以太究竟是什么？是物理学概念还是哲学概念？夫子有何见解？

庄 周

（凿凿其言）以周之见，以太首先是物理学概念。以太就是我们所谓的"零子"，属于原始宇宙，没有质量，没有能量，因而也没有空间和时间的属性，是一种虚无形态的物理存在，但绝不是物质存在，实物世界的人类永远不可能直接观测到零子。以太也是数学概念。以太就是0，本身并不占有空间和时间，它是正与负的分界，是1和无限数字的原点，也是"有"、运动、维度、场和相对性的原点。以太的根本意义是哲学概念。以太就是"无"。"无"并非什么都没有，不是1-1=0，而是"原始存在"的无限，是 $0=1-1=\infty$。"无"生成"有"以及"有"的相对性，生成物质和运动，空间和时间。"无"就是数学的0，就是物理学的零子，就是哲学的"本原"，

宇宙之本，自然之本，自然而然，自我因果。"无"就
是老聃的道。

亚里士多德

（每当激动，就情不自禁用希腊口音说古汉语）尽善
尽美！道乌乎在？

庄 周

（为之四顾，踌躇满志）在庙堂，在泰山，在虫翼，
在鼠肝。

亚里士多德

太好了！一个人鼻子尖上沾了薄薄的一点白灰，让
匠人用斧子砍掉，匠人抡起斧子，呼啸生风，随意砍去，
白灰全没了，却一点没伤到鼻子。吾得质矣！

（他引用《庄子》运斤成风的典故，比喻自己找到了
高度默契的搭档和知己）

庄 周

（同样开心）以太是零子，如果我们的零子猜想是正
确的，以太的冤案应该昭雪。那么光速呢？

亚里士多德

光是不同振动频率的能量辐射，以场的形态凭借以太传播，在量子维度中的"速度"可以看成接近无穷大，因为穿越四维时空才形成了"真空中的光速"。

声音无法在"四维真空"中传播，在空气中的传播速度是340米/秒，在水中的速度要加快几倍，在金属中的速度更快，这说明声音以实体物质为介质，或者说它就是实体物质的振动，物质的密度越大，声音的速度越快。而光作为电磁波在量子维度中传播，是一种量子现象，各种量子的场在以太中形成各自的"维度"，原本没有时间和空间的性质。光穿越"四维真空"形成"光速"，在空气中的速度接近"四维真空"中的速度，在水中的速度则明显减慢，有些频率的光甚至被实体物质吸收、折射或反射，这说明光不是以实体物质为介质，而是依据自己的振动频率穿透它们或者被它们阻挡。

电流在导体中传播，是电源输出电子的振动频率与导体中的电子频率定向连续置换的结果，也是一种量子现象，而在绝缘体中，则形成电子频率不能置换的"不导电"结果。

四维时空中物体运动的速度，最快当属天体的运行速度，因为天体凭借实物宇宙的"场"运行，所以不能超过光速。光在四维时空中传播，不是凭借实体物质的场，而是穿越实体物质的空间，所以才"消耗"了实物宇宙的时间，形成了"真空中的光速"。

需要说明的是，人类计算的宇宙在生成期"超光速暴胀"，我认为那是由于实物宇宙在暴胀的量子宇宙中整体生成所致，并不是真正的超光速。那么，是不是有超光速飞离我们的天体，由于它的速度超过光速，所以它的光永远不能到达我们，以致永远不能被我们发现呢？这种说法是对听者的愚弄。天体的"超光速"运动是天体运动在膨胀宇宙中形成的假象，并不是真正的超光速，实物宇宙中没有超过光的速度。

结论只有一句话：四维时空中的光速极限是星际间物种迁徙的根本制约。

（他结束了关于光的讨论）

庄 周

大师的论断很有见地！对于星际旅行，不少人热衷于"虫洞"理论和"时间机器"，这类想法能否提供摆脱光速制约或者操控时间的可行线索呢？

亚里士多德

我对"虫洞"持怀疑态度。即使它存在，星际智能生物发现它、把控它，并在特定时间内用以完成特定目标的物种迁徙，可能性也几乎为零，宇宙历史只有一百多亿地球年的时间，远远等不到那么微小的概率。不可能让"虫洞"按照智能物种的意志把他们准确及时地运送到目的地。至于"时间机器"，时间与空间一样，并不是一种独立的实在，不可能被制造或被控制，否则，操控空间不也是一种方案吗？我不相信任何物种的智力、能力、寿命甚至运气，可以支持他们制造出操控时间而且还要连接目标空间的机器。

庄 周

好，我们回到光速极限之内讨论。20世纪末到现在一百多年来，人类发现与太阳和地球类似、可能允许人类居住的恒星系统已经有几千个，外星智能物种也完全可能找到太阳系。物种星际迁徙的目标在理论上是可能确定的。

亚里士多德

但星际迁徙的可行性目标只能在较小的范围内确定。如果是一千光年以远的星系，依靠光传播得到的信息已经是一千年以前的，即使不计成本以尽可能接近光速的速度迁徙，也要一千多年，何况实际迁徙速度肯定要明显慢于光速，那么两个因素相加，至少有两三千年的时间差，如果加上满足目标星球生存的准备工作，再花几千年也难以完成，怎能确保目标星球的自然环境条件、生物进化条件不发生重大的甚至根本性的变化呢？

20世纪60年代曾有科学家设计了推算宇宙中存在高级生命可能性的方程式，据测算，两个文明星球之间的平均距离不小于二百光年。人类虽然在较小的范围比如五百光年以内，找到了一些与太阳和地球好像比较近似的恒星系统，但是，即使忽略时间差带来的目标星球环境变化因素，其具体的生存条件如空气、水土、温度、重力、磁场、射线、动植物、微生物，以及是否进化出难以征服的高级智能生物等等，能否真的适合人类生存呢？

人类是地球的生物，脱离地球就失去根本，难道人类要改变自己的基因去适应别的星球吗？如果非要寻找一个"基本适合"人类生存的星球，只能先用机器人去证实，即使排除"星球大战"的可能，也必须对目标星球的生存条件实施大规模改造，设计和建设在目标星球生存必要的整套超高技术基础设施，最后还要运输大批人口和物资，如此浩繁的工程，如何实现？"星际诺亚方舟"？太神话了。反过来看，地球环境对于外星生物也是同理。

庄 周

（刁钻其问，以更大力度刺激大师的辩才）但是按照大师当年的观点，科学无止境，科学的力量虽不能认知无限的宇宙，但应该可以征服有限的时空。大师是否认同中国腐儒荀况的"人定胜天"之说？

亚里士多德

人不能胜天，更难以自胜。物种迁徙不但要解决目的地的生存条件难题，而且必须解决迁徙途中的物种代际交替难题。因为大规模物种迁徙的速度不可能真正接近光速，几百年甚至更长时间的旅程，难免迁徙途中的代际交替，出发的一代早已逝去，降落的一代是"诺亚方舟"的子民，他们将第一次进入自然界。

庄 周

（再出难题）但是人们说，高速飞行会使时间"变慢"，"星际诺亚方舟"可以使乘客的衰老速度与飞行速度成反比。

亚里士多德

对此我不能苟同。光速恒定不变，因为它是量子现象，而在实物宇宙中，速度是相对的。"速度使时间变慢"是对彼此作相对运动的不同惯性系各自的时空坐标而言，太空飞船离开地球飞行，相当于地球离开太空飞船飞行，二者是对等的，究竟谁的时间"变慢"呢？只是由于相对运动双方的相互观察，对方的时间相对于自己的时间"变慢"了，对方的空间在其前进方向上压缩了。对于一个运动物体或惯性系自身而言，它的时间和空间是一贯的，不应存在绝对的"时间变慢""距离缩短"的情况，因为实物宇宙没有一个绝对的、固定的坐标系。否则，以光速飞行的诺亚方舟子民都将变成年龄不变身体压扁的"相片"！所有的天体系统相对于太阳系都在高速运动，难道它们的时间都很慢吗？它们的形状会从球变成饼吗？为什么唯独相对于它们也在高速运动的太阳系时间不变、形状不变呢？所谓"双生子佯谬"，只是人们编造的童话。至于"超过光速就能回到从前"的说法，更是无稽之谈、欺世之谈，因为实物宇宙根本没有超光速。

由此可以断定，四维宇宙是一个完整一致的"时空连续区"，所谓时间与空间的相对性，是指对于相对运动的双方没有绝对标准，但并不是哪一部分时间空间的绝对变化和绝对差别，否则我们有什么理由用地球时间和空间尺度衡量宇宙呢？总之，星际空间的漫长旅行，可能导致"诺亚方舟"之中的迁徙物种发生代际生理、心理、文明传统甚至遗传基因的变异，以致不再能适应目标星球甚至本星球的生存。所以，智能物种星际迁徙的可能性几乎为零。

（他为本节讨论画上了句号）

庄 周

（非要在句号之外添加一点自己的个性）也许悲剧早就发生过多次了——他们飞上天，就再也下不来了。

亚里士多德

（永远以科学的理性对待庄周的谐谑）哪有那么傻的智能生物！

庄 周

（仍然心有不甘）智能物种的大规模星际迁徙不可能，但个别造访的可能性是存在的，我们是否到美国的"第51区"去证实一下？

亚里士多德

（准备结束讨论）我们讨论的是"黑暗森林"是否正确，没有物种迁徙就不会有星际杀戮。个别造访属于星际交流，是值得期待的，但愿已经多次发生，今后更多

发生，形成星际访问交流的良性模式，这有利于星际间
的物种和平共存。可是，51区属于人间的秘密，我们应
该予以尊重，留点悬念吧。

庄 周

    (不依不饶)那么据大师猜测，51区的"外星人之谜"
是真是假？

亚里士多德

    我倾向于相信"外星人"已经多次造访太阳系和地
球，51区的"外星人"事件也是真的。但也许我错了，
是美国佬故弄玄虚，耸人听闻。

    (等于没有回答)

庄 周

    外星人也是上帝造的？抑或他们还有自己的上帝？
地球的上帝与外星的上帝孰高孰低？

    (与其说是挑战亚里士多德，不如说是挑战上帝)

亚里士多德闭上眼睛，不知是思考还是装睡，反正不再回答。

知道了不可知悖论

半月过去，两位伟大的灵魂从沉思中醒来。

庄 周

（徒生感慨）日夜相代乎前，而莫知其所萌。已乎，已乎，旦暮得此，其所由以生乎？

亚里士多德

日夜交替，不知缘由，互为因果，自然而然？夫子的《齐物论》认为地球在太阳系运行的原因是时间？难道不是万有引力吗？

庄 周

两千多年前，我认为昼夜的阴阳变化是自然演化的基本现象，不断的过往、时间的流逝，显现了"道"就是昼夜阴阳变化的根本原因，但道的玄妙不可言传，只能意会，因而以"过去过去"这样模糊混沌的方式表述变化。大师今以科学语言问之，周尝试以科学语言释之：昼夜交替的原因是地球绕太阳运转，地球运转的原因是自身运动与太阳引力的平衡，引力的原因是时空弯曲，时空弯曲的原因是太阳的场，而"场"的本质是天体之间的相对性关系。地球绕太阳旋转的引力现象和地球昼夜相生的交替循环，以及太阳系的整体运转，原因皆在于太阳系自己的场，整个宇宙中天体运行的规律都是如此，"使其自已，咸其自取"，自因自果，已乎已乎，逝者如斯，来者如斯，自己使然，自然之道也。

亚里士多德

（追问）然而道的本原是什么？

庄 周

道是自然之理，自然的本原就是变易—恒定的虚无，无中生有之"无"。

（他点燃一支雪茄，量子声音从烟雾中传来）

亚里士多德

（郑重庄严）"无"是对"有"的否定，道家哲学否定上帝和佛祖的存在吗？

庄 周

上帝和佛祖都可以存在。道使无生有，可以生一，可以生二，可以生三，可以生万物，可以生人。据我所知，上帝是人们从亚伯拉罕那里听说的，佛祖是人们依据乔达摩的教义描绘的，所以，上帝佛祖皆生于人，而人生于自然之道。

（为了表示从一到三，他叼着一支雪茄，又拿起两支雪茄准备点燃，被亚里士多德果断制止）

亚里士多德

所谓万物，有固体、液体、气体，有无机物、有机物，有植物、动物，类别不同，而上帝和佛祖是精神的概念，一二三的数字可以简单表达不同类别的存在吗？

庄 周

（狡辩）万物各有其类，上帝和佛祖属于精神，也是
一类。类与不类，相与为类，则彼无以异矣。你们的科
学不是用数字表达一切吗？

亚里士多德

（追问）上帝创造万物，岂可与万物同类？

庄 周

我们已经把上帝和万物放在一起讨论了，它们都
是讨论的对象，难道不是同类吗？我们正在讨论上帝和
万物，我们与上帝和万物的关系就是我们与他们，也可
以是同类。是之谓"类与不类，相与为类"。神与万物，
人与灵魂，道通为一，天地一指也，万物一马也。"一"
者，无中生有之"有"也，一切存在都是"有"。"有"
的变易—恒定形成了相对性，不同的个体、不同的类别，
以至宇宙万物，皆因相对而存在，上帝佛祖如果与万物
形成相对性，也可以存在。一切存在的个体、类别，每
一个"一"，都可以归结为"有"，皆生于"无"，无中
生有。大师，我们可以殊途同归吗？

（吸了一口雪茄，从嘴角喷出了两道烟雾，指着身
边的地球仪）

我们去耶路撒冷吧？

两位灵魂上了庄周的鹏鸟飞行器。

亚里士多德

　　"北冥有鱼，其名为鲲，鲲之大，不知其几千里也，化而为鸟，其名为鹏，鹏之背，不知其几千里也，怒而飞，其翼若垂天之云。"夫子《逍遥游》的文学造诣了不起。

庄　周

　　（远眺天际）仅仅是文学吗？文者言也，言者所以在意，得意而忘言。意者，哲学也。

亚里士多德

　　世界起源于虚无之道，无中生有，道家此论作为哲学，是当之无愧的上乘之品，但"鱼变鸟"也算哲学吗？夫子擅以寓言方式表达哲学理念，而以科学的理论衡量，夫子哲学的论述方式过于随意，缺乏严谨的逻辑推理，未免有些笼统、简单，甚至有些武断。

庄　周

　　（辩解）论述也好，推理也好，大师喜欢的"因为所以"也好，谓之"言传"，目的皆在于结论。"鱼变鸟"则是直接以形象引导思想，洞察道理，谓之"意会"，目的也在于结论。而真理的结论是简单的。

亚里士多德

（斩钉截铁）真理的结论应该是简单的，但应该建立在复杂的观测、计算、实验、论证的科学基础之上，才能提高说服力。但愿夫子的哲学最终能够得到科学的证明。

庄 周

科学？科学无法证明哲学。哲学是主观对客观的认知，依据推理和思辨得出结论。科学也是主观对客观的认知，依据实验和计算得出结论。哲学不能自证真伪，科学也不能自证真伪，而且不能帮助哲学证明真伪。科学到了相对论和量子论的层级，由于实验的局限，反而更离不开哲学思辨的帮助，爱因斯坦和玻尔关于量子力学争论的实质，与其说是科学的，不如说是哲学的。科学在根本性的问题上经常需要哲学的支撑，但哲学也不能帮助科学证明真伪。哲学和科学可以相互支撑，但无法最终相互证实。

我的哲学直指结论，但并不是不讲道理，反而有些"科学"才真是不讲道理，最典型的就是有些科学家所折服的"人存原理"。人存原理说，人看到的宇宙之所以如此，是因为人的存在。这就如同说，引力之所以有吸引作用，是因为苹果掉到了地上，如果苹果到处乱飞，引力就会失去吸引作用。根据人存原理，人是猴子的时候，或者单细胞时代，有人的宇宙并不存在，这等于废话，那么"有人宇宙"的数学公式就应该是：无人宇宙＋人＝有人的宇宙，这是科学的论证还是科学的无能？

亚里士多德

是无能。但不是科学的无能，仅仅是人存原理的无能。所谓"人存原理"并不是科学的理论，只能算是由于科学暂时"无能"导出的哲学理论。如果科学达成了"统一理论"的梦想，形成了完备的自然定律系统，就可以证明宇宙只能如此。（梦想又开始了）

庄 周

（打断亚里士多德的梦想）统一理论只是梦想，大师别想了。

亚里士多德

……人存原理是基于一种现象：宇宙演化至今产生了人类，而人类又反过来探究宇宙的演化，结果发现，需要无数的条件甚至偶然，才能生成有人类存在的宇宙。对于这种现象只知其然，不知其所以然，终究本末倒置，因果颠倒，认为人的存在决定了所有条件的存在，因而决定了有人宇宙的存在，也就是夫子比喻的苹果掉到地上决定了引力的存在。人存原理的逻辑是，已经存在的人发现了产生他的宇宙，说明宇宙遵循了产生人的程序，具备了产生人的条件，所以它才能演化成为有人的宇宙。换一个说法，宇宙必须产生了人，有人的宇宙才能存在。也就是说，人已经存在了，说明产生人的一切条件必然先于人而存在，说明宇宙按照产生人的程序演化，所以，人的存在决定了有人宇宙的存在。简而言之，因为宇宙的演化产生了人，所以有人的宇宙才能存在。换一个说法，人被产生了，发现了产生他的宇宙，所以这个宇宙才存在。总之都是用结果证明原因的废话，人存原理确实是无能，根本不是宇宙的原理。

（他的批判入木三分）

庄 周

无能的人存原理为那些无能之辈提供了心安理得的理论归宿，这说明科学不是无所不能的。哥德尔"不完备性定理"指出，任何一个无矛盾的公理体系，只要包含初等算术的陈述，必定存在不可判定的命题，用这组公理不能证明其真伪。据说哥德尔也曾私下表示，他相信人类可以通过"直觉的方法"知道真理，并不受他的定理限制。作为20世纪最伟大的数学家，哥德尔的定理揭示了数学自身的根本性矛盾，而他本人却情愿相信洞见直达的认知方式，然而所谓"直觉"更不能自我证实或者证伪。只有"全能的上帝"才能超越科学，超越哲学，但是，超越者仍然不能证明自身的存在。

（他似乎站到了哥德尔的肩膀上）

亚里士多德

（加重了语气）的确，科学有无能的时候，哲学也有无能的时候，然而克服了无能，文明就进步了。科学和哲学是相互促进的，科学没有哲学思维，不能进步，哲学不与科学同行，不知其可。

庄 周

（神态像个老顽童）科学太慢了，在弯弯曲曲的小路上走了两千多年，仍然不知道这是一条没有止境的路。不知哪一天人类才能承认，科学永远不能达到真理的彼岸，却终于达到了自身的极限，只能拜倒在人存原理脚下说，因为我看到了这样的世界，所以世界是这样的。科学就是悖论：目的是要知道"不知道的东西"，而结果是知道了那东西就是"不知道"。

亚里士多德

（不服）然而哲学能够知道"不知道的东西"是什么吗？

庄 周

（天地与立，行气如虹）不能，哲学也是悖论，人类的认知行为都是悖论：初衷是"要知道不知道"，结果是"知道了不知道"。依周之见，宇宙的客观真实对于人类的科学和哲学以及一切认知行为，都是不可知。

亚里士多德

（笑问）不可知，那么夫子怎么知道的？不可知论是不是悖论呢？

庄 周

（以其旷达现其率真）不可知论是对"知道不知道"悖论的阐述，是"知道不可知"，所以不可知论是人类认知的终极悖论。

亚里士多德

（质问）……终极真理不可认知，可否证实它的存在呢？

庄 周

终极真理是什么、有没有，人类根本无法知道。人类对于实物宇宙和量子宇宙，可以获得越来越多的知识，这就是科学。科学转化为技术，可以解决大量的具体问题，比如量子力学，在实用技术上取得了广泛的成功，几乎涵盖各个重要领域，为改善人类的生存发挥了巨大的推动作用。但是，量子力学作为科学理论仍然是不完备的，其表面原因好像在于研究的程度，而根本原因则在于理论本身，哥德尔"不完备性定理"揭示了所有科学和哲学的理论都不可能是完备的。原因就是霍金说的我们不是可以从外面看宇宙的"天使"，中国宋代大文豪苏轼谓之"不识庐山真面目，只缘身在此山中"。

人类的科学知识并不是宇宙的终极真理，人类生活于有限的空间和时间，不可能知道无限的终极真理，终极真理是一个"无限悖论"。人类在探寻"无限"的有限过程中获得有限的知识，已经足够在有限中造福自己或毁灭自己了。

（无视亚里士多德插话的企图）

海森堡不确定性原理证明，粒子的动量信息和位置信息不可兼得，哥德尔不完备性定理指出，数学本身存在既不能证实也不能证伪的命题。而大师的朋友庄周现在指出，圆是完美的，但圆周率却是无限不循环的，用没有尽头的圆周率计算出来的圆周一定是残缺的，只能是永远不可重合的螺旋线。牛顿引力常数 G、真空中的光速 c、普朗克常数 h，物理学中那么多常数，哪一个是绝对精确的？精确值每达到一个新的层级，就可能解决某些矛盾，也可能发现新的矛盾，科学理论中这样的证据数不胜数。人类数学最伟大的发现当属"欧拉恒等式"$e^{i\pi}+1=0$，汇聚了五个重要的数，0 如我们所论，是数字的本原，宇宙的本原，1 是"有"的基石，自然数的基本单位，i 是虚数单位，虚拟世界的支柱，π 是圆周率，诠释了几何学的美，可能暗示了从原点开始动态膨胀的球体，而 e 是自然对数的底，被誉为自然常数。有人评价，欧拉恒等式的核心意义是旋转与频率，描述了"自然"的根本，堪称宇宙第一公式，简直是上帝的杰作。然而，欧拉公式中的三个字母都是不能最终确定的值，因为这个最伟大的公式在追踪永恒动态的宇宙。大师，科学是伟大的，而自然是无极的，终极真理是不确定的，因而是不可知的！

（始终秉持与道俱往的从容）

亚里士多德

（追问）终极真理虽不可知，但它是否存在？

庄 周

和宇宙本身一样，"终极真理"是相对的，变易的，甚至是虚幻的，因而是不确定的，不可知的，甚至是不存在的。科学追求终极理论的努力，只能以"不确定论"或"不可知论"甚至"不存在论"告终。

科学是从一个点出发，以任意半径循着圆周率画圆，无论取到3.14之后多少位，最后的接口永远有误差，四舍五入，舍了就成了内旋，入了就成了外旋，科学画的圆只能是一个无限螺旋。所以，科学永远只能无限趋近于自然。从"终极"的意义上讲，近似是"约等于"，不等于"是"。从大师的逻辑意义上讲，不等于"是"，就只能等于"不是"。结论：科学得到的近似不是终极真理。而"终极真理"不能被认知，是否就不存在呢？大师可以说存在，周也可以说不存在，像上帝一样。

（委曲其辞）

如果大师一定要问终极真理，吾强为之名曰"道"。中国哲学之"道"，是直接给出了一个完整的圆，这个圆的半径是"无限"，既是无限大又是无限小，而且它的圆心是一个没有坐标的不确定的点。"道"是虚无，这就是终极真理。

亚里士多德

（开始了又一轮挑战）夫子认为道家哲学高于科学吗？

庄 周

（机智似乎转向木讷）不仅道家哲学，所有的哲学都不比科学更高。刚才说过，人类的认知都是悖论。哲学很伟大，企图通过逻辑推理发现终极真理，科学也很伟大，企图通过数学计算证实终极真理。哲学和科学都使人越来越聪明，但对于认知终极真理而言，却都是徒劳。科学依靠观测加计算得来的结果，只是客观对于主观的"投影"，甚至只是被主观曲解的"幻象"。观测极限之外的计算，一定会出废品，甚至是垃圾。哲学的推理同样会出废品，而且可能更多。科学和哲学可以相互启发，相互促进，从不同途径用不同方法，在追寻真理的过程中造福人类。但是到了最高境界，科学和哲学都要靠思辨，科学的"理想实验"不是思辨吗？思辨可能引出多种不同的计算和推理的结论，但是无法被实验证实，更不能被思辨本身所证实。终极真理，科学不知道，哲学也不知道，不可知，所以不存在。

作者私语：我向来崇尚科学，随着庄子的灵魂走进"不知道"的迷宫，好像真的什么都不知道了。

亚里士多德

我与夫子，犹河伯与海若也！（想起了望洋兴叹的典故）那么依夫子所论，人的认知过程是无限趋近终极真理的过程，而认知的阶段性结论应该属于相对真理。也就是说，人不能认知绝对真理，但可以认知相对真理。因此，无论绝对真理是否存在，相对真理一定存在。

庄 周

哲学和科学都是人类智慧的结晶，是人类认知的相对真理，当然存在。然而对相对真理的精确表述又是一个问题。哲学和科学都必须依靠语言，哲学的语言是文字，科学的语言是数字，而语言都是有局限的，与所要表达的意思有误差。我们都常有"词不达意"之感，甚至有时对客观引发的意念都抓不住，中国唐代李商隐诗曰，"此情可待成追忆，只是当时已惘然"。大师早年研究修辞学，心得一定不浅。

（亚里士多德点头称是）

大师尝闻夫《易经》乎？易者变也，易经是中国远古所传探讨变化的学问，代表了中国哲学思维的基础。可能源于结绳记事的启发，《易经》用标示阴阳变化的一个长横和两个短横作为语言要素，相当于计算机0和1的符号语言。一个长横为"阳爻"，两个短横为"阴爻"，三个爻组成一卦，三个爻的阴阳变化，衍生出"乾、兑、离、震、巽、坎、艮、坤"八个基本卦，八卦的组合和变易又演化为六爻构成的六十四卦，以此推演客观事物变化的规律。《易经》以阴阳三爻变易组卦的原理，令人想到贝尔推导"不等式"的开始，根据"EPR 佯谬"提出的问题，两个纠缠粒子的实际状态无论确定还是不确定，最后的观测结果是一定的，一个粒子要么左旋，要么右旋，同时另一个粒子要么右旋，要么左旋，在三维空间中从三个方向观测粒子自旋的正反两种可能性，2 的三次方等于 8。这与《易经》的阴阳在三爻中变化生成八卦完全相同。当然，因为贝尔不等式是四维时空的规律，所以被量子时空的"量子纠缠"突破了，易经同样难以超越四维时空去推导量子的变化。

大师尝闻夫围棋乎？中国的围棋以黑子白子的变化博弈，也相当于 0 和 1 的符号语言。黑白双方先后轮流落子，棋子无尊卑贵贱，价值和功效由所在位置及相互关系决定，黑白双方相互攻击、防守、缠绕、包围。局部牺牲可能导致失败，也可能赢得全盘主动，局部获利可能决定胜利，也可能换来满盘皆输。价值随机而变，胜负演绎之间，最简单的黑白形式，最复杂的阴阳变化。

（掐灭了雪茄）

从《易经》、围棋，到计算机、人工智能，"二进制"的数学表现出强大的功能。但是……

亚里士多德

但是电子计算机曾经连围棋 19×19 棋盘上的变化都难以算尽。（显然知道 21 世纪初 AlphaGo 与世界顶级棋手对弈的故事）虽然 21 世纪量子计算机问世，运用"叠加原理"使传统比特变成了量子比特，运算效率据说可以提高上亿倍，但仍然无法确定地描述量子的实在状态。

庄 周

从认知的无限趋近意义上，我并不否定科学，也不否定哲学，我绝不说"科学该死"或者"哲学已死"。我更不否定计算机和人工智能。如果有一个外星物种，天生就使用二进制语言，可能比人类聪明一万倍，但那又怎样，仍然有它说不清想不明的事。人类用数学已经认识并表述了那么多的相对真理，但表述并非绝对精确。让我们想想薛定谔的猫吧，据说猫是由1000亿亿个粒子构成，那么多粒子是多少可能的动态叠加？如何精确表述它们组合成的那只猫呢？

言不尽意。无论是二进制语言或者数学或者文字或者其他任何语言，还是我们的量子语言，凡是语言的表述，都与观测遇到的问题一样，主观不可能完全等同于客观。科学的语言，哲学的语言，只是真理的近似表达，而不是真理本身。道亦如此，不可言传，只可意会，而言与意皆是人为，永远不能等同于自然。

亚里士多德

（有些不辨南北）……言不尽意，道不可言？那么夫子如何解释老聃之"道可道"呢？

庄 周

我们把"道"比作波函数，"可道之道"就像波函数的"坍缩"。坍缩是观测瞬间得到的片段，所以可道之道也是有限的虚言，不再是无限之道的真实。

以现在的思考能力解释我当年读的《老子》，"道，可道也，非恒道也，名，可名也，非恒名也"，恒道常易，恒名无常，可道者非道，可名者非名。"无，名万物之始也，有，名万物之母也"。名是对实的解释，无之实是万物的原因，有之实是万物的实现。"故恒无，欲以观其眇，恒有，欲以观其曒"。所以，从真实的无，可以观察隐秘的原因，从真实的有，可以观察显现的结果。"两者同出，异名同谓"。无和有同出于道，不同的名称，相同的含义，就是生万物。"玄之又玄，众眇之门"。无和有的真实本质无限深究，就是一切奥妙之源：道的变化。此《老子》道论之精神玄旨也。

（天地与立，闭目解老，物我两忘）

亚里士多德

（恍兮惚兮）……那么，虚无之道，原理何在？

庄 周

人法地，地法天，天法道，道法自然。

庄周醒了，亚里士多德晕了。

上帝在家乡遭妄议

大鹏飞行器降落在耶路撒冷的哭墙前。

两位伟大的灵魂，看着人们默默地自言自语，往墙缝里塞纸条。

　　不知过了几小时还是几天还是几个月，在西斜的阳光中，灵魂结束了沉思，来到基督教圣墓教堂。

庄 周

　　耶稣来过吗？

亚里士多德

来哪里？

庄 周

　　地球，耶路撒冷？

亚里士多德

（耸耸肩）也许吧，他们都说来过。

庄 周

　　他为何而来？

亚里士多德

传道，蒙难，复活，升天。

庄 周

> 耶稣和上帝是什么关系？

亚里士多德

> 圣父、圣子、圣灵三位一体。

庄 周

> 人类和上帝是什么关系？

亚里士多德

> 人类是上帝创造的。

庄 周

> 灵魂也是吗？

亚里士多德

> 应该是。全世界都是上帝创造的。

庄 周

> （借机重提亚里士多德拒绝回答的问题）外星人呢？

亚里士多德

应该也是，当然是。上帝不仅是人类的上帝，也是宇宙的上帝！

（他不知是否背离了基督教的原旨）

庄　周

（语气加了着重号）量子宇宙和原始宇宙呢？上帝自己的所在呢？

亚里士多德

（迫不得已）……不知道，他们没说过。我理解，上帝像零子一样，是永恒存在的，也可能他就是那个产生宇宙的零子。

庄　周

（摊开双手）零子是无数的，难道上帝不是唯一？

亚里士多德

（辩证以对）无数的零子都是唯一。

庄　周

我们到了灵界，为什么见不到上帝？

亚里士多德

我们也没有见到零子，灵界只存在于量子宇宙的玄冥之境，而上帝和零子属于原始宇宙的太虚之境。

庄 周

（看着耶稣蒙难后躺过的石板）大师曾说上帝是精神概念，我们现在也是精神概念。

亚里士多德

可我们不如上帝。上帝创造了世界和我们，而我们没有创造世界和上帝。

庄 周

那么上帝是谁创造的？

亚里士多德

（耸耸肩）他们说，上帝是永恒的。

庄 周

大师见过上帝？

亚里士多德

没有。

庄 周

人们都说死亡就是去见上帝。

亚里士多德

死后也没见过。不过既然他是永恒的，总有机会见到吧，也许科学能帮助我们见到。

庄 周

可是上帝究竟在哪里？

亚里士多德

（被逼无奈，以庄周之道还治庄周之身）……在庙堂，在泰山，在虫翼，在鼠肝。和你的"道"一样。《圣经新约·约翰福音》第一章起首便说："太初有道，道与神同在，道就是神。这道太初与神同在，万物是藉着他造的。"

庄 周

在我们的论辩中，以"上帝"的称谓代表唯一的神，那么上帝是道？

亚里士多德

（反问）犹太人说的这个"道"究竟是什么含义，我不知道，夫子知道吗？

庄 周

（答非所问）庸讵知吾所谓知之非不知邪？庸讵知吾所谓不知之非知邪？

亚里士多德

讲通用语言！

庄 周

怎么知道我所说的知道不是不知道呢？怎么知道我所说的不知道不是知道呢？

亚里士多德

那么你究竟知道还是不知道？

庄 周

（故弄玄虚）说"太初有道"，我同意。说"道与上帝同在"，我不反对。说"道就是上帝"，违反了大师的逻辑，大师应该反对。"道与上帝"为二，"道是上帝"为一，既为二，岂为一？是故道非上帝，上帝非道。"太初有道"，道既存在。以道观之，上帝可以存在，也可以不存在。

亚里士多德

为什么？

庄 周

我理解，《圣经》的"道"与我们的"道"大同小异。用数学的方法说，"道"就是零，零不排斥其他的零，也不承认其他的零。零可能有无穷多，但没有相对性，比如上帝可能是另一个零，还可能有佛祖，还可能有很多，甚至黑格尔的"绝对精神"，都可以是零。但是一个零以外，也可能什么都没有，它不需要其他的零。太初的道就是"无"，就是一切，所以上帝更可能是由零而生的某一个"一"，是"无中生有"的产物。

（他擅长对相反的极端与相同的极端的思辨，并把相反辩成相同，把相同辩成相反）

亚里士多德

（从根本上否定庄周）《圣经》的"道"和上帝不是两个零的关系，更不是两个一的关系，道应该就是圣灵，与上帝、耶稣是一体的。

庄 周

好吧，我对大师的论点暂且不予置评，上帝与"道"都可能是先天的存在。但是圣父圣子圣灵是人格化的存在，而我们的道是宇宙自然本原的抽象表达，上帝创世和无中生有是对宇宙起源的两种不同解释。

作者私语: 我忽然想到所谓宇宙大爆炸的奇点, 它是 "道" 吗?
或者是上帝?

亚里士多德

（居高临下）人格化是对上帝的表达方式, 也是对宇宙起源的表达方式。夫子如何用形象表达你的道呢?

庄 周

道本无形, 焉以形象表达? 虽然, 请尝试之。道是正反振动相生相灭的循环平衡。最简的振动形态是正弦波型, 一个正的正弦波和一个反的正弦波构成∞, 从振动而言, 它是相生相灭的、无限循环的, 而且它恰好就是无限的符号。但这只是平面的概念, 以周之见, 道的无形抽象的存在方式必须用立体、动态的方式表达。

（他启动了零子猜想的升华）

请大师想象一个球体, 在面向我们的半球面上, 一条正弦波的曲线是什么形状? 这条曲线继续延伸, 在背向我们的半球面上, 形成一条与之相反的立体正弦曲线, 这两条曲线在整个球面上是平滑对接、自然循环的同一条线。正弦曲线在球面上循环往复, 周想了两个小时, 发现这个球体有点像你们欧洲发明的网球, 大师回去可以对照一下, 不过网球的发明一定不是出于 "道" 的理念。

（他停顿片刻, 像是等待亚里士多德的思考）

　　中国宋朝的道士依据道家思想发明了太极图，一个正弦曲线的两端与一个圆内切，把圆分为黑白两部分，黑处加白点，白处加黑点，构成了对称的"双鱼"图案，用以表示阴阳循环变化的观念。然而一个正弦线与一个圆相切的平面图案，曲线必须经过斜率的突然改变才能循环往复运行，显然不足以圆满表达"道"的阴阳互易自然循环的思想。

　　以周之所思，正弦曲线可以在球面上实现完美的循环，并分别将两个半球的球面分为黑白两部分，黑处有白点，白处有黑点，象征阴和阳的循环互易。正弦曲线在球面上循环运行，就生成八卦。在正面的半球，正弦曲线的起点为"乾"，终点为"坤"，而在背面的半球，正弦曲线的起点为"坤"，终点为"乾"。从正面半球到背面半球，正弦曲线按二进制规律依次演化出乾、兑、离、震、坤、艮、坎、巽。三爻构成的八卦再演化出六爻构成的六十四卦，甚至可以演化出十二爻构成的四千零九十六卦！无数条这样的曲线，以及曲线上无数的点，构成了整个球面，我们从任何方向或角度，都可以找到这样一条完美的正弦曲线。

　　作者私语：太极球的概念最初其实是我向庄子提出的，得到他的极度称赞，现在变成了他的想法，他知道我同意。

　　所以，"太极"是球形的、旋转的，球面上的每一条正弦曲线都是平等的，曲线上的每一个点也都是平等的，球体可以坍缩成无限小的点，也可以膨胀成无限大的宇宙。"太极"就是"无极"，就是"无限"。"道"就是太极的状态，就是无中生有之"无"。

七十七个地球月过去。

亚里士多德

（要求一个确定的结论）夫子对道的见解精彩非常！但是，夫子认为上帝究竟存在还是不存在？

庄　周

（以问作答）没有确定的结论，因为我们没看到。我们没看到的，甚至没想到的，都可以存在，也都可以不存在。假如你说上帝存在，我说上帝不存在，你我都没有看到，我们怎能相互否定呢？

亚里士多德

（直视庄周）真理就可以否定谬误。

庄　周

什么是真理？

亚里士多德

真理就是对客观真实的正确认识和陈述。

庄 周

什么是客观真实呢？

亚里士多德

（笑）这是西方科学和哲学一直在追究的一个根本问题。夫子认为客观真实不可知，甚至不存在，一定喜欢"怀疑一切"的笛卡尔吧？可是他所谓"我思故我在"，就是找到了确认了客观真实。

庄 周

（摇头）笛卡尔的怀疑并不彻底。他说人做梦时以为是真实的，醒来才知道是幻觉。他怎么能确定梦和醒哪个是真实，哪个是幻觉呢？他怎么能确定梦不是醒、醒不是梦呢？弗洛伊德对梦的研究认为，梦的本质是人的潜意识愿望的曲折表达，完全没有哲学意义，他怎么知道他写书不是在做梦，而他解析的梦不是真实呢？中国有句成语叫"痴人说梦"，其实所有企图解梦之人，可能都是"痴人"，因为他并不能区分梦和醒，否则为什么还有另一个成语叫"人生如梦"呢？

庄周梦为蝴蝶时，栩栩然蝴蝶也，不知周也。醒来以后，遽遽然周也。不知周之梦为蝴蝶与，蝴蝶之梦为周与？梦与醒都可能是真实，也都可能是虚幻，也许两个虚幻才可以构成一个真实，就像两个虚幻振动的正弦波在虚幻的球面上循环构成太极一样。那么做梦的人和梦醒的人，哪个才是真实的人，谁知道呢？谁没有梦、谁没有醒呢？我们身在梦醒之间，无法确定。

亚里士多德

（追问）笛卡尔说，我可以怀疑一切，但"我在怀疑"这个事实是无法怀疑的，所以"我思故我在"。夫子是否赞同？

庄 周

（玩笑道）我不思，我也在。我思，我所以在；我未思，我已经在；我不思，我在不在？既然谓之"我"，我当然在。但是，在与不在都是主观感知，并不一定等于客观真实，笛卡尔如何判定？我知道笛卡尔的哲学不符合大师的情感取向，替你批判他。

亚里士多德

（穷追不舍）那么排除主观感知，是否可以说，无论是上帝，还是我们，还是人类，还是万物，无论是看到听到的，还是没有看到听到的，无论是有思想的，还是没有思想的，无论是梦还是醒，凡是客观存在的，就是真实的，真实的存在就是真理？

庄 周

可是你我如何知道真实的存在呢？存在的也有假的，不存在的也有真的。

亚里士多德

此言何谓？

庄 周

（辩道）如果上帝存在，不信的人仍然认为这个存在是假的；如果上帝不存在，信的人仍然认为这个不存在是真的。

亚里士多德

但我们说的是存在作为客观事实的真假，信与不信并不能决定客观的真假。（看到了胜利的曙光）

庄 周

上帝是精神概念？

亚里士多德

是。

庄 周

（眼睛眯了起来）精神概念的真与假，难道不是信与不信决定的吗？

亚里士多德

（力辩）真理是客观的存在。客观并不以精神概念或物质概念来划分，凡是观察者主观以外的存在都是客观的真实。客观真实的存在不是由信与不信决定的。

庄 周

（目光如炬）大师如何知道"主观以外的客观真实"真的存在呢？人类用科学追求客观真实，从古希腊算起有两千多年了，却发现了量子的"不确定性"。按照量子力学的哥本哈根解释极而言之，没有观测，就没有实在。而我们对这种观点的批判，是以对客观实在的"相信"为前提的。大师，客观真实的存在与不存在，难道不是信与不信决定的吗？

亚里士多德

但是，作为"存在"，它本身是存在的，作为"不存在"，它本身也是一种与"存在"相反的存在。

（使出了关于存在的存在的杀手锏）

夫子记得弦论的奇特数学吗？ a×b=-b×a！我们设存在为 a，不存在为 b，那么存在乘以不存在就等于负

的不存在（即存在）乘以存在，也就是"存在 × 不存在 =
存在 × 存在"。所以，存在与不存在，都是存在的，无
关乎信与不信。

庄　周

　　（神思片刻）大师算错了。这个公式的真正意义在于，
$a \times b$ 与 $b \times a$ 的绝对值相等而正负相反，即正的"存在 ×
不存在" = 负的"不存在 × 存在"。那么大师所谓存在
与不存在，都是"存在的"，也都等于"不存在的"。

> 作者私语：庄子的相对性辩证性思维，好像根本没有确定的
> 坐标原点，而是借助了爱因斯坦的"软体动物"坐标系，亚
> 里士多德以他的价值观作为固定坐标系，必定会认为庄子的
> 判断是诡辩。

亚里士多德

　　（思考了三周）那么你的道存在不存在？

庄　周

　　大师说，道和上帝一样。但周以为，道是"无"的
存在，是无限零子的总集，当然存在。而上帝可能只是
一个零子，也可能只是零子生成的量子，或者也可能如
周所说是人想象的，甚至也许就是不存在。

两位灵魂在十字架上的耶稣前定了格。

地球自转了 N 圈。

亚里士多德面对庄周的诡辩终于无可奈何。

亚里士多德

也许夫子是正确的。

庄 周

（不依不饶）大师怎能判断是我正确？我与你辩论，我胜了，我一定对，你一定错吗？你胜了，你一定对，我一定错吗？我与你不能互相评判。请谁评判呢？请同意你的人评判，既同意你了，怎能评判？请同意我的人评判，既同意我了，怎能评判？请不同意我和你的人评判，既不同意我和你了，怎能评判？请同意我和你的人评判，既同意我和你了，怎能评判？

亚里士多德

那么是非如何确定？

庄 周

我与你与他人俱不能相知，人人皆有自己的是非，所以没有是非。

亚里士多德

但是客观的是非呢？

庄 周

（不太熟练地耸了耸肩）

客观的是非，孰是孰非？果是果非？果有果无？我们都不得而知。所以上帝……

亚里士多德毅然走出了圣墓教堂。

庄 周

（跟在后面）大师为什么出来，不再研究一下基督教的历史吗？

亚里士多德

（回头靠近庄周小声说）我出来是为了你出来，上帝决不同意你的诡辩。夫子应该说，什么都可以没有，但上帝永远存在；什么都可以虚假，但上帝永远真实；什么都可以不对，但上帝永远正确。

庄 周

（傻了）……你是追求真理的大师，还是卑鄙无耻的小人？

亚里士多德

（戴上了墨镜）你说呢？

庄 周

（深度沮丧）真的不可知。

亚里士多德

哈哈哈哈！夫子难道不会笑吗？

地球时间24小时以后。

庄 周

失败乘以幽默大于胜利乘以得意。

（拂袖而去）

灵魂站在上帝肩上

是年 12 月 22 日冬至，亚里士多德和庄周从太平洋飘至地球的北极。

亚里士多德

（*看着正上方的北极星*）两千多年前，我就是因为从雅典看北极星在北方较高的位置，而到埃及看北极星却位置较低，再参考对月食的观测，推断出地球是一个圆球。

庄 周

大师的学说涉及了古希腊几乎所有的哲学、社会科学、自然科学领域，相比之下，周只是无知、偏激、狂妄之徒。

我当时认定自然界的一切都是自然本身决定的，自然而然就是自然之理，它就是那样，其终极原因是老聃夫子之"道"。后世所谓"诸子百家"，我耻于与其为伍，对儒墨之流"是其所是，非其所非"的说教，尤其不屑一顾。然而，孔子的思想统治了中国两千多年。孔墨皆入世之学，其共同的价值在于"人"。道家思想是出世之学，价值在于"天"。我推崇老子对"道"的发现以及依据自然之理对人世的思考，推崇尧舜时期的王倪、披衣、齿缺、许由四大隐士的人生态度，因而著书阐发天道之理。有后人为我作传吹捧说"其学无所不窥"，太夸张了。其实我是无学之思，以致我的《庄子》对自然之理的思考和论述，至今也被一些科学家不屑一顾。

亚里士多德

（似乎自言自语）哲学的推理或洞见，虽然可能直接窥探世界的本原，但不如科学的计算和实验更加可信，然而科学至今仍然没有彻底揭示自然之理。什么是终极真理，有没有终极真理，夫子认为"不可知"，但是"知道不可知"的过程，就是哲学和科学的意义，也是灵魂的意义。

庄 周

这里除了冰雪和星空什么也看不到，大师为何约周来到冬季黑暗的北极？

亚里士多德

北极和南极是地球上两个特殊的磁极点，由于正对北极星，北极就更为特殊。我们可以在这里讨论宇宙维度，思考自然之理，寻求"统一理论"。

庄 周

此时此地最稀缺的是光，而光却几乎贯穿了人类思考自然的全部历史。大师，我们从光说起如何？

亚里士多德

（交叉起双臂）恭听夫子高论。

庄 周

（以提问开始）光是量子现象在实物宇宙中的显现。阳光是从太阳表面向外辐射的能量，按照通行的说法，它的形态既有粒子性也有波动性。然而，太阳的光究竟是以何种状态传播的呢？

亚里士多德

（沉思之后缓慢地说）阳光应该是太阳表面无数点光源向外发射的波，形成全方位不同波长和频率的波动组合，可能是一种纵横交错的混合波形。这种混合波形究竟是什么具体形状，实在难以想象。

庄 周

（面无表情）太阳是一个圆球，纵向横向如何分别？混合波形如何构成？

亚里士多德摊开双手，表示无辜。

庄 周

还有一种可能，每一条光束也许是螺旋线的形状呢？从侧面看，它都是正弦波状的，而从正面看，它是圆环状的。

亚里士多德

　　螺旋形的光束，有点像是"膜理论"中"无限延伸的旗杆"。然而，螺旋形的光束是左旋还是右旋呢？更重要的是，光束究竟是旗杆状还是喇叭状呢？如果是旗杆状，经过足够远的距离后，阳光就不再是"普照"，而是分散的点状效果，地球大气可以使之散射均匀，但太空中以及月球、火星上并没有阳光点状照射的情况。如果是喇叭状，随着传播距离的延伸，螺旋的幅度逐渐放大，光波的旋转行进速度一定会超过光的直线传播速度，光速如何超过光速呢？除非无数螺旋形的光束经过干涉又形成了不可思议的"混合波形"。（突然灵机一动）应该像电波磁波的交互扩散状态？

庄　周

　　爱因斯坦根据普朗克的量子理论认为，从一点发出的光线在空间中传播时，它的能量不是连续分布的，而是由一些数目有限的、局限于空间中某个地点的"能量子"所组成的。果真如此，阳光的光束即由许多单个的能量子组成，应该是发散型的。

亚里士多德

　　（惶兮惑兮）这就又回到了老问题：光究竟是粒子还是波？量子论的"矩阵力学"与"波动力学"之争，最终打了个平手，双方都无力彻底否定对方，争论止于"波粒二象性"的矛盾概念。夫子，光究竟是什么？我们又遭遇了这个怪物。

庄 周

周以为，光的波粒二象性是量子宇宙与实物宇宙交叉渗透导致的矛盾现象。

先从实物宇宙看，实体物质的原子由原子核和电子构成，原子核是不同数量的质子和中子振动模式的紧密组合，电子并不是有形的颗粒，也不是通常意义上的波，与质子、中子以及所有的量子一样，它是以一定频率振动的能量，按照"波函数"的描述，应该把电子在原子中的状态想象成由能量层级和概率分布构成的旋转球面。根据原子核的不同构造，原子空间中有不同层级的电子球面。基于原子的这种构成，我们回顾一下爱因斯坦对"光电效应"的研究：根据普朗克的公式 $E=hv$，单个粒子的振动频率越高，它的能量就越高，光照射到金属上，只要光子的频率等于或高于金属原子外层电子的频率，金属就会瞬时发射出电子。我想，这其实是光与金属的能量置换，进去的光子和出来的电子，都是相同振动频率的能量。

再从量子宇宙看，各种粒子都是不同模式的振动，其能量等于特定振动频率与"普朗克常数"的乘积。人类看到的光和没看到的光，包括无线电波、红外线、紫外线、X 射线、γ 射线等，本质上都属于量子宇宙。从太阳表面无数个点光源发射的光束中，爱因斯坦的每一个"光量子"都是一个完整的振动波形构成的能量单位。

请大师注意，周有一个新的认识，"光量子"不必如我们此前想象的"凭借原始宇宙的零子（大师的以太）传播"，而是凭借量子宇宙中自由自在的量子传播。光的传播就是在量子维度中光子与其他量子振动频率的定向置换，条件是光子的频率高于或等于被置换量子的频率，与光电效应同理，与电在导电体中传播同理。那么我们可以说，量子空间就是光的导体，甚至也许光子与量子的置换就是波函数概率的原因。

（他竟然否定了亚里士多德的以太对于光的传播媒介作用。然而以太在他心中的意义更加高尚了）

以太只是时空无限、数量无限的零子，虚无的"太极球"。除了无中生有，什么也不做！

正上方的北极星似乎在颤抖。

亚里士多德昏厥过去，时间仿佛停滞的钟。

庄 周

（继续他的狂言）人类所谓的光，就是量子宇宙的"光量子"在实物宇宙的显现，给人以亮度和颜色的主观感觉。对宇宙自身而言，光就是能量辐射，无所谓亮度，也无所谓颜色。

光的颜色就是光子的频率。太阳辐射的巨大能量以光的形态出现在四维时空中，是各种频率混合的"复色光"，人看到的效果是白色，却也可以在雨后看到彩虹。牛顿首次完成了对光的"色散现象"的实验，得到红橙黄绿蓝靛紫的光谱。这说明阳光的可见光是由不同频率振动的能量辐射混合而成的，同时，阳光还包含了各种不可见的红外、紫外辐射。

而光的亮度是光子的数量。我们看书时，如果光线只从侧面照射，就会觉得暗淡，如果把书面正对光源，就会明亮起来，这是由于光的直射和斜射导致书的页面接收到的光子数量多少的变化。19世纪20年代"奥伯斯佯谬"提出，由于天空中布满繁星，夜晚应该像白天一样明亮。有人解释说，夜晚黑暗的原因主要是宇宙的年龄有限，绝大部分星光还来不及照到地球。其实更重要的不是时间的原因，而是空间的原因，距离越远，光量子的分布越稀疏，不是照不到，而是看不到。如果我们到几光年以外看太阳，它也就是一颗普通的星星。阳光是以有限光量子形态传播的能量场，在四维时空中距离越远，密度越低，经过单位面积的光子数量逐渐减少，但其中每一个光子的振动频率不变。

（庄周完成了对阳光本质和形态的最新猜测）

作者私语：庄子的想象力和思辨力令我折服。

亚里士多德从昏厥中苏醒，不知是否已经过了一百年，还是仍在当日。

亚里士多德

夫子对光的分析，否决了以太在原始宇宙以外的存在。我当时感到无比悲伤，几近崩溃。冷静思考，夫子之论更加澄清了以太纯粹的虚无本质。同时，也揭示了光在量子世界传播的真实。敬佩敬佩！

（不愧是思想的大师，为了真理，不惜一切）

过去我们鉴于地球人类从四维时空解释量子物理发生的问题，曾经宁愿认为量子维度没有时空属性，但作为量子宇宙中的灵魂，我们早就感知了量子另有奇特的"时空"维度。夫子对"量子时空"如何描述？

庄 周

大师之问正中我们"三重宇宙论"的要害。所谓"量子时空"就是我们讨论的量子维度，它既不同于实物宇宙的四维时空，也不同于原始宇宙的虚无维度。量子时空是"普朗克层级"的维度，充斥整个量子宇宙，没有实物宇宙的空间连续性和时间一贯性。量子化的振动是能量的自由存在形态，每一个能量单元的运动，包括它的动量和位置，从实物宇宙看来，在时间上和空间上都是不确定的。量子不同振动模式形成的场，决定了"量子时空"的不确定性，形成一种趋向无限小并且趋向无限大的维度特性。我们作为量子积聚的灵魂，从来没有时间的概念，也不受空间的限制，只有自由自在的存在感。而那些自由量子们则各有自己内在频率的时空，也就是它们各自的场。量子的场与场交叉，无论发生纠缠、组合，或碰撞弹开，或互不相干，其振动频率恒定不变。

亚里士多德

（热情融化了周围的冰雪）一百多地球年之前我们讨论量子力学时，曾经痛批"观测导致坍缩、意识决定存在"的谬误，请夫子从"量子时空"的立场对观测的局限性发表高见。

庄 周

观测的局限缘于四维时空与量子时空既渗透又区隔。光的辐射本身是一种"量子时空事件"，而粒子与波都是光在四维时空中的不同表现，是量子场与实物场交织的结果，并不是光的本质。从四维时空中观测量子现象，光子振动的位置表现为粒子，振动的频率表现为波，不可能同时清晰分辨位置和动量，这是从实物宇宙观测量子现象的局限性所致。即使对于实体物质，每一次观测也只能得到对象的局部信息。关键在于，实物维度的局部信息是相对固化的，而量子维度的局部信息则瞬息万变。所以，人们对于宏观物质，可以在多次观测后说，它就是这样，而对于微观粒子，无论如何观测也只能说，它是"不确定"的。据此推断，不是观测决定实在，而是观测小于实在！

亚里士多德

（竖起拇指）精辟！"观测小于实在"，这应该成为一个重要的定理，我们之前讨论的很多量子物理问题，症结皆在于此。对于量子世界，人的观测所得只是零星的真实，也许仅仅是转瞬即逝的表象。当然，量子的振动本身是真实的，就像由它生成的实体物质是真实的一样。量子飘忽不定的特性及量子理论的不完备性，并不影响人们利用它发明各种实用技术，就像人们利用并不完备的牛顿理论发明大量实用技术一样。然而，量子理论的对象不是实体物质，而是"场态物质"，量子理论的前途在于观测和实验结果之上的"隐变量"——人对于量子时空现象的分析判断理解能力。

还有极其重要的一个问题，灵魂与量子时空中的各种能量粒子明显不同，思想的能量子聚集成为灵魂，为什么没有产生越来越大的粒子直至实体的物质或实体的大脑，而是产生非物质的虚幻灵魂呢？

庄 周

（反问）吾乌乎知之？我们作为灵魂，如何自我认知？虽然，尝试言之。灵魂是思想能量的聚集，而物质是自然能量的聚集，思想能量高于自然能量，灵魂的形态高于物质的形态。我猜想，灵魂是一种特殊的能量场，是各种信息能量子的逻辑关联，而不是物理结合。灵魂的振动频率可能是高低变换共存的形态。所以，灵魂思考可以睡觉，睡觉也在思考，不辨梦醒。

亚里士多德

（显然不满足庄周对灵魂问题的敷衍）我们多次讨论灵魂问题，夫子为什么始终没有提到康德呢？据我所知，康德是夫子最认可的哲学家，难道夫子不赞同他对灵魂的认识？

庄 周

（灵魂的振动频率提高了十倍）康德是世界历史上一位最有批判精神、因而最有创见的哲学家。青年康德从仰望星空开始，潜心研究了牛顿《自然哲学的数学原理》，对宇宙、上帝和灵魂的思考终其一生。1749年，他以《关于活的力的正确测算的思考》挑战牛顿和莱布尼茨的权威，展现了"自由思想"的天才。1781年，五十七岁的康德完成了他的《纯粹理性批判》，提出了著名的四个"二律背反"，从"能思想的我"、完整的宇宙、理想化的上帝三大主题，完成了对纯粹理性的批判，认为人的理性不可能认知彼岸的自在之物。

康德认为灵魂是有理性的"非物质实体"，但人的灵魂或"能思想的我"无法自我认知，灵魂是否真的可以在另一个未来世界永生，既不能证实，也不能证伪。暮年的康德甚至担心生命结束后的灵魂会进入一种完全未知却永远持续的状态，无休无止，千篇一律，没有变化，不可改变。在他的时代，没有相对论，没有量子论，康德的自然哲学只能如此。即使如此，他始终不曾怀疑灵魂的存在。

亚里士多德

（追问）那么夫子当下对灵魂如何认识？

庄 周

灵魂永远不能真正认知灵魂。人类对大脑的研究已经非常深入，但大脑并不是灵魂，只是它的聚居地。我们现在知道了人死后灵魂的状态，但永远不能知道灵魂自身的本质真实，只能根据有限的经验做出逻辑推测。

（开始阐释他所猜测的不可知）

灵魂的实质可能是具有自我意识的"信息场"。信息即是对"相对性"的表达，是客观世界各种事物的外部相互关系和内部结构关系，以场的形态自然表达和传播。信息的刺激使生物体产生神经和大脑，形成信息储存的记忆功能和信息关联的思考功能，记忆和思考能力的进步升级形成意识，而意识对于自我的思考产生灵魂。

宇宙中可能有多种物种的灵魂，因进化程度分为不同等级。而人的灵魂是地球上最高级别的灵魂，是地球生命的最高形态。

人的灵魂在大脑中形成，大脑因接收和处理外界信息而生成和进化。来自体外的各种信息不同的振动频率，通过人体感觉器官和神经系统传至大脑，引发大脑不同神经元的相应反应，因而在大脑中聚集、关联、交流、互动，形成一体化的"信息场"，这就是灵魂。感觉、情绪、记忆、思维，都是灵魂的功能。从力学的意义上看，人的灵魂集中表现为思考力，而动物、植物的灵魂，则更多表现为生命力。思考力产生智商和智慧，而生命力只是求生的本能反应。思考力和生命力不是自然力，都是康德研究的"活的力"。

因此，灵魂是量子场态的精神存在，灵魂在大脑中形成是量子时空与四维时空交互作用的结果，信息之间的关联关系形成的场就是思考力。思考力刺激大脑的神经纤维网络，产生电学效应和化学反应，使灵魂通过大脑决定和支配人的思想和行为。灵魂的基本功能是思考，思考就是寻求信息相互间的关联关系和因果关系，直至推导出将要发生或者可能发生甚至永不发生的信息的复杂过程。从根本上说，思考就是灵魂的生命，思考力就是灵魂的生命力。

人死后灵魂脱离大脑，失去大脑内部能量的支撑，多数灵魂信息场的关联发生混乱或缺失，导致思考力减退，信息场随之消散。而善良、正义、理性、智慧具有维护秩序、抑制熵增的效力，可以维系信息的关联关系，保持思考力，使那些高尚灵魂脱离大脑和躯体后，依据思考力长久聚集、生存和运转，并从自然界持续吸取能量、获取信息，保持思考力经久不衰。

亚里士多德

（深表赞同）钦佩钦佩！康德认为"活的力"是内在的能力，可以从死寂状态运动起来，并毫无阻力提升至无限，夫子的"思考力"是对活的力更深入的解析。这正是夫子过去戏言的"精神力学"的研究方向！

庄 周

牛顿认为力是外在的动力，等于质量乘以速度，莱布尼茨则认为力是内在的能力，等于质量乘以速度的平方。而康德认为，活的力完全被排除在数学管辖范围之外，是数学不能计算的自然力。周同意康德。周认为，无法对灵魂实施观察和计算，精神力学是思辨的科学。

作者私语：庄周谈及科学问题时，一点都不像科学家，但他的灵魂说太烧脑了！我不得不在整理这段记录时重读了曼弗雷德·盖尔所著《康德的世界》，同时还参考了凯文·凯利的《失控》和雷·库兹韦尔的《人工智能的未来》。

亚里士多德

夫子关于灵魂以及从阳光开始的一系列猜想，似乎尚可自圆其说。然而我们来北极是为了讨论宇宙的维度和统一理论，夫子为何要从阳光说起呢？

庄 周

阳光可以作为正确认识四维时空的理想道具。

（点燃了一支从亚里士多德别墅顺来的雪茄，对方则视若无睹）

我们从太阳出发思考四维宇宙，先想象一个从太阳圆心随阳光膨胀的动态球体，再把它转换成零子裂变生成的宇宙，那么宇宙的时间就是呈球形放射的光，而宇宙的空间就是随光膨胀的光球。

宇宙随着时间维度的全方位延伸，空间维度也呈球状膨胀，而时间延伸形成的半径决定了空间膨胀构成的球体。那么，在球状的四维宇宙中，三维空间的第一维应该是360度的圆周曲线，第二维是球形曲面，第三维是球形的体积。时间被传统观念认为是四维宇宙的第四维，实际上它有理由排在第一。宇宙的时间形状并不是一条射线，而是从圆心出发呈360度放射的无数条射线中的无数个"点"，点状放射的时间维度与球形膨胀的空间维度捆绑依存、动态开放，构成球状的四维宇宙。这就是宇宙作为一个整体的"场"的生成过程。宇宙场的空间维度随时间呈球状膨胀，而时间维度则分布于膨胀空间中的每一层球面的每一个点。由于时间维度的发散是不可逆的，空间三个维度的状态其实也是不可逆的，即使有一天宇宙开始收缩，也并不意味着时空的"可逆"，只是自然的继续演化而已。因此，时间的点与空间的曲线、曲面、球体共同构成四维时空，而时间其实是四维中起先导作用的第一维度。

宇宙中的任何实体物质，都有自己的场，共同构成实物宇宙的四维时空，但是一切实体物质场的维度都受到宇宙场的维度的决定性制约。四维时空作为一个整体，其中的任何物理事件都是因果过程，它的时间点按照因果演化方向在三维球体空间内构成一条相应的曲线。所谓"运动质点"就是物理事件的时间点，先向左，再原路返回向右，或先向上，再原路返回向下，并不是空间中的"可逆"，只是事件的时间点在空间中继续"前进"，或者说是时间点在空间中形成的"事件曲线"继续延伸而已。事件结束的标志是它的时间点消失，导致构成事件的四维数据要素不复存在。四维时空是实体物质的相对性关系，所以时空是相对的。

亚里士多德

（也学会了调皮）夫子的论述使我想起"一个人不能两次跨过同一条河"的命题。如果是冰河，第二次过河的时间因素变了，而空间因素可以看作并没有变。夫子如何解释？

庄 周

实物宇宙中的"运动质点"在时间和空间维度上都不可能有与"既往"相同的位置和路径。一个人在北京的长安街上来回行走，假设天安门没有变，整条街也没有变，但是地球已经随着太阳系在宇宙中走出了一段非常复杂的曲线，并且宇宙本身根本没有固定不变的坐标原点，这个人过去的空间位置早已不复存在，更无法找回过去的时间点，何况长安街或者冰河都在随时发生细微的变化，原路安在？

道家认为，"四方上下曰宇，往古来今曰宙"，汉字中的宇和宙，分别含有"于"字和"由"字，"于"表存在之意，"由"表先后之意，"宇""宙"一体，表示动态的时空存在。科学概念的四维宇宙作为膨胀过程中的球体，其本质就是所有实体物质相对性关系变化导致的时间和空间的依存和演化。

亚里士多德

我们当初讨论相对论时曾共同认定，对实物宇宙维度的理解应如爱因斯坦所说，"以任意方式把四维时空连续区与高斯坐标联系起来"，夫子对四维时空的分析，完全符合以高斯坐标描述的要求。那么请在此基础上，对虚无维度、量子维度、实物维度的关系做出总体论述。

庄 周

必须首先重申，"维度"不是独立的实在，而是"存在"之间的相对性关系形成的"场"的性质的基本显现。原始宇宙是"无何有之乡"，是以"太极球模式"隐性存在的零子世界。零子内涵的"隐性振动"正反对称，循环互易，无限正负"隐性能量"守恒于零，没有场，不发生任何相对性，形成原始的无限的虚无维度。虚无维度在其后出现的量子维度和实物维度中无影无踪，大师的以太也是如此。"虚无"什么都不是，仅仅是存在的本原。

（用余光看了看镇定自若的亚里士多德）

零子裂变生成量子宇宙，各种不同振动模式的"能量子"，以各自的场共同构成奇幻的量子时空。量子时空的状态是不连续、不同时的，是彻底平滑与彻底不平滑同在，这是因为自由量子能量差异很小，而振动模式却千差万别，其相对性是变易而不确定的，其动态分布的总体效应是基本均匀的。

量子宇宙自然演化，由各种亚原子粒子生成实体物质的元素，最终产生实物宇宙。实体物质是相对固化的，形成了稳定的相对性。实体物质的一维时间决定三维空间，共同构成实物宇宙的四维时空。四维时空总体上是基本平滑的，但局部并不平滑，因为实体物质从天体到万物，质量差别巨大，距离极不均衡。四维时空的"曲率"是先天的，是实体物质生成导致实物宇宙呈球形膨胀的本质决定的。

量子时空与四维时空同在，具有各自不同的特质，相互渗透，又相互区隔，它们之间的相对性趋于无穷小，无法形成参照。我们来到量子时空，再回顾四维时空，只能为人类所受时间和空间的束缚徒生悲哀。

（目空一切，神返冥无，声音与思想相互缠绕）

总而言之，太初的原始宇宙是无中生有之"无"，维度是无限，实质是太极球。我们通常所谓的宇宙是无中生有之"有"，是膨胀中的五维球形体，其中自由量子形成的量子维度，从实物世界可以看作"无形维度"，而时间点呈球状发散形成的四维时空，则是实物世界的"有形维度"。就"三重宇宙"总体而论，第零维是零子的虚无维度，第一维是量子的自在维度，后四维是实体物质的时间—空间维度。

亚里士多德

（格外兴奋）简单合理的"宇宙模型"猜想！零维的原始宇宙是恒动恒在的虚无，变易—恒定原理决定"无"的存在，决定"无中生有"，决定"有生万物"的自然演化。第一维的量子宇宙既是自在的，如量子纠缠，是量子宇宙自身的事件；又是与四维时空同在的，如电磁和光，是量子宇宙与实物宇宙交叉影响的事件。四维的实物宇宙呈球形膨胀，其中的物理事件是高斯坐标四个数字变化形成的动态曲线，而时间数字要排在三个空间数字之前。实物宇宙中的人类只能片面观测到量子宇宙的某些现象，同时也可能扰乱它们的存在状态，所以观测的结果永远小于真实的存在，如波粒二象性、不确定性，这是量子宇宙与实物宇宙的区隔以及人类对量子现象的观测极限所致。但人类永远不可能觉察到零维的原始宇宙和以太。

庄 周

人类由于有限的生活环境和日常的直觉惯性，首先发明了欧几里得几何学，进而把空间维度想象成由直线、平面、立方体构成，这是把维度的状态直观化了。这样的三维空间只能是一个正立方体，显然不是宇宙的客观形状。一个三维正立方体，有六个正方形的面，转换成膨胀中的宇宙，这六个面是向外鼓出的，同步旋转的，以至于立方体的棱和角趋于最终消失，形成一个半径随时间维度持续延伸的球体，这才还原到四维宇宙的真实形状。如果宇宙无限膨胀，它的圆周和球面将趋向直线和平面……那么它的球体呢？如果无限膨胀导致破散，能量导恒，物质不灭，破散后仍然还是宇宙。

实物宇宙是一个统一的场，根据变易—恒定原理，处于动态膨胀的球形状态，同一的时空曲率在其中普遍存在，表现为向心引力。星系、恒星，以及一切实体物质，在相对运动中形成各自不同的场，使周围同一曲率的时空再弯曲，导致万有引力现象和宇宙的总体秩序。同时，宇宙的膨胀态势也形成了反引力方向的"斥力"，科学表达为"宇宙常数"，爱因斯坦因为放弃它而与宇宙膨胀的发现擦肩而过，留下终生悔恨。变易机制导致斥力，恒定机制导致引力，斥力和引力的相互作用共同导致了星系、天体的生成及其旋转运动，导致了宇宙的整体旋转、加速膨胀。

人类科学家倾向于认为斥力是"暗能量"的作用，暗能量、暗物质的概念自21世纪提出，迄今一直是科学的一大难题。周以为，暗能量和暗物质都源于无中生有的"零子裂变"，就是量子宇宙，是实物宇宙诞生—暴胀—膨胀的基础。变易就是以相对性为前提的存在，而恒定是对存在状态的维持。变易机制导致宇宙的无中生有和加速膨胀，恒定机制导致宇宙膨胀中的引力和秩序。从宇宙膨胀的现实而言，变易大于恒定，斥力一定大于引力。因为能量是从零子裂变中生发出来的，无中生有就是能量从潜在到显现的过程，现实的一切都由虚幻振动的能量构成。"暗能量"是"无"的熵，是"有"生存和演化的根据。一旦斥力小于引力，宇宙就会被引力压缩成霍金的"奇点"，有归于无。所以，无中生有是必然的，自然演化是必然的，而有归于无是或然的。

（他栩栩然，飘飘然）

亚里士多德

夫子此论对引力、斥力的解释可能深得爱因斯坦精髓，但更可能彻底曲解了相对论。你的维度理论如何解释电磁力和弱相互作用力、强相互作用力呢？（不知道自己究竟是提问还是思考）

庄 周

强力、弱力和电磁力的基本原理可能与引力类同，引力是实体物质之间相对运动引发的现象，而强力、弱力、电磁力是微观粒子之间相对运动引发的现象，它们的本质都是"场"的效应。分析引力与其他三种力的原理，需要把维度概念转换成"场"的概念，实物维度与量子维度在本质上具有类同性，这就是场。实物的场决定引力，而量子的场决定其他三种力。

早在20世纪60年代，所谓"弱电统一理论"就已经确立，它预言的三种"中间玻色子"于二十年后被实验全部发现。人们由此认为，电磁力是交换光子的结果，弱相互作用力是交换 W 粒子和 Z 粒子的结果，而强相互作用力交换的是胶子。然而，不同的力源于交换不同的粒子，可能仅仅是一种近似的表象，是实验观测的局限所致。

量子作为最小而不可再分的能量单元，它们之间拿什么"交换"？它们只能以场的方式相互交换自己，振动频率的匹配组合才是能量单元构成粒子的原理。

人们可以发现引力波、引力子，发现引力的"波粒二象性"，但这不过是发现了引力场的表现形态，并不是引力的实质，如同光波和光子不是光的实质一样。引力现象的本质就是时空弯曲，而时空弯曲的本质是场的曲率。量子宇宙的光在实物宇宙中运行，也要受到时空曲率的影响，也是一种引力现象。

像引力是实物场的曲率导致的现象一样，强力、弱力和电磁力是量子场的曲率导致的现象。夸克构成的质子中子再组成原子核，好像一组匹配的振动波捆绑依存、交互缠绕，是场的振动频率和维度曲率使它们结合为一。由此推测，四种基本力的原理是相通的，都是不同的"场效应"。一家之言，不知当否。

（他的表情好像下赢了一盘棋）

亚里士多德

（给出严肃的评价）统一四种力是物理学家的梦想，夫子用实物宇宙和量子宇宙两种场、两种维度的猜想一并解决，虽涉嫌轻率，却颇有启发意义。

量子物理学应该结合爱因斯坦"相对论性场论"的思想，参照超脱四维时空的哲学引领，才可能走出迷宫。而庄周、亚里士多德关于宇宙本原的哲学思辨，最大缺陷在于缺乏数学计算的证实，但我们的哲学思想可能是物理学达成"统一理论"的希望所在。

20世纪末以来，超弦理论把粒子概念具象成各种弦和膜，以千方百计去计算千变万化，以致迷失初衷，陷入泥泞。M理论化繁就简，似乎看到了统一四种力的一线光明，却需要十一维的数学化宇宙。由于脱离了观测和实验，终于一起化为物理学的碎屑。基于量子场论发展起来的"标准模型"理论，合并量子电动力学和量子色动力学，解释电磁力、弱作用力和强作用力，认为不同的玻色子传递各种作用力，不同的费米子组成各种粒子。

而根据夫子对量子维度的思辨，电磁力、弱力、强力是基本粒子不同振动频率之间的相互关系，其实质是量子的场效应。不同的基本粒子就是不同的振动模式，玻色子的传递、费米子的组合，实际上都是振动频率之间相互的影响和变化。由基本粒子构成的原子、分子以致万物，物质稳定性的根源，就是基本粒子振动频率及其维度曲率的匹配组合。所以，电磁力、弱力、强力是量子维度的曲率所致，而引力作为实物宇宙的基本力，是实体物质的场导致四维时空弯曲的效应，与量子维度的三种基本力是量子场的效应异曲同工。因此，无论量子宇宙还是实物宇宙，力与维度都不是独立的实在，而是场与场之间基于相对性所发生的关系效应，相对性关系决定了存在。

从复杂的万事万物中寻求简单的终极真理，再用简单的终极真理解释复杂的万事万物，这是哲学的责任，也是科学的责任。统一理论大有希望！

庄 周

（环顾四周的黑暗）大师的乐观主义是认知的动力，但是认知行为需要理性主义。理性否定悲观，也否定乐观，理性是主观无限趋近于客观的基本素质，所以理性的本质是悲观的。

（他认为不可知论和相对主义才是理性主义，而他面前的亚里士多德仍是非理性的理想主义者）

引力也好，强力、弱力、电磁力也好，都是表象，决定的因素是维度，实物维度和量子维度，而维度是由存在的相对性关系决定的。但统一了四种力就一定能得到"万物之理"，推导出宇宙的来龙去脉吗？最根本的问题是宇宙和存在的本原，是无中生有。

（好像赢得了一场马拉松对弈的决赛）

亚里士多德

那么夫子如何总结我们在灵界1680地球年论辩与探索的思想精髓呢？

作者私语：一千六百八十年，我的灵魂和他们在一起，完全没有时间的感觉，但庄子的批判精神却使我震撼始终。

庄 周

经过对现代科学几百年的分析和思考，我们重新审视相对论。

先看坐标系。坐标系从固定不变到直线运动、匀速运动、加速运动、旋转运动、变速运动，到任意运动，对于物理事件和物理定律都是等价的。运动是什么？坐标系以确定的时间空间数字标示运动，而时间空间本身即由运动而生，也就是说，运动产生时间空间，并且在时间空间中实现。只要不能确定宇宙的初始固定不变的"奇点"，就没有固定不变的坐标系，上述各种运动的坐标系只能以地球为原点来确定。我们认为，虚幻的运动是宇宙的本原，极而言之，动就是一切。然而，运动是相对的，所以时间空间是相对的，坐标系也是相对的。

再看运动。按照古希腊天才哲学家芝诺的启示，我们把运动分解为无穷多的不动，好像电影胶片中的每一张，运动的曲线由无穷多不动的点构成。爱因斯坦的"软体动物参照物"，可以拆解为无数坐标原点的无规则运动，因而也可以视为无穷多原点固定的坐标系，每一个固定坐标系对于表述普遍的自然定律而言，当然都是等价的！

爱因斯坦从固定的坐标系变换推广到任意运动的坐标系，论证了广义相对性，而我们再把任意运动坐标系分解还原为遍布宇宙的无穷多固定坐标系，以它们的等价性验证了广义相对性。其实，爱因斯坦对此已有相应表述，他说，"软体动物参照物"本质上等价于任一高斯四维坐标系。把这个软体动物上的每一点都当成空间点来处理，把相对于这个点保持静止的每一个质点都看成静止的。广义相对性原理要求，所有这些软体动物都可以用作参照物来表述普遍的自然定律。

周以为，无穷多的相对运动决定了无穷多固定坐标系的存在，而无穷多固定坐标系对于表述基于各种运动的自然定律，一定是"等价的"。相对论的终极本质就是动与不动的相对性。"无中生有"生成宇宙万物万象，其终极原因是无中之"动"。科学从解释万物万象开始，而终极真理也必将归宗为解释终极之"动"。

无中生有论认为，宇宙的本原是虚无，万物乃至灵魂，一切皆生于虚无。无中生有的根据是相对运动的变易—恒定。变易—恒定原理使"有"潜在于"无"，产生于"无"，"有"的生成和繁衍，就是变易—恒定的自然演化。由此推论，无中生有的自然演化之"道"，就是"相对运动决定宇宙存在"的终极原理。

亚里士多德

（伸展四肢，躺在冰封的北极点上）夫子站到了上帝的肩膀上！动与不动的辩证关系，揭示了存在的辩证关系，虚无—万有，无限—有限，变易—恒定，都是辩证，宇宙就是辩证的存在。科学期待天才，再来一个牛顿吧！依据相对论和量子论的基本原理，参考"无中生有"的哲学思路，发现宇宙的终极真理！

庄 周

（向太空呼喊）上帝！上帝安在？

他们仿佛听到，北极星方向的太空中隐约传来一个雄浑缥缈的量子声音：你们对了。但是并不对。

庄周的灵魂进入强振模式，骤然回到了战国时代的黄河之南，在大树下的小屋里，从大梦之中大觉而醒。

诗云：

差旅人间世，

悠哉思本原。

梦长难知觉，

云深不见烟。

神游天地外，

心迷物我间。

灵魂何必老，

来去皆少年。

后　记

　　这是一本基于庄子思想研究并运用文学手法创作的对话体哲学书籍。本书假庄周和亚里士多德两位东西方古代思想家之口，以探讨宇宙和存在的本原为宗旨，从认识论和价值观的立场阐述对于自然科学发展成就及面临问题的理性思辨，论证道家无中生有的哲学命题。主要参考：庄周《庄子·内篇》，亚里士多德《形而上学》，阿尔伯特·爱因斯坦《狭义与广义相对论浅说》，曹天元《上帝掷骰子吗？》，斯蒂文·斯科特·古布泽《弦理论》，史蒂芬·霍金《时间简史》，史蒂夫·斯托加茨《微积分的力量》，巴赫拉姆·莫巴舍尔《起源》，赫·乔·韦尔斯《世界史纲》，以及其他多部哲学、自然科学、社会科学著述。

　　本书的创作得益于一位物理学教授也是我早年战友的指点，尤其得益于先师黄保真先生四十年前的心传，以及与清华大学计算机博士秦颂先生和数据应用专家黄劲先生的讨论启发，在此深表谢意！由于灵感引发的创作冲动，此书的写作有些仓促，几经修改增删，特向责任编辑和出版社的理解和宽容表示感谢！并向对本书的创作出版给予鼎力支持和热情鼓励的卢仲云先生、武清月先生，以及众多朋友们表示感谢！

　　作为自由思想者的一家之言，本书的见解无意与任何学术观点对立，仅供有闲有缘有识之士品玩。

　　献给我的母亲、女儿和夫人。

王海征

2022 年 8 月 8 日于北京